活美

外交・安全保障的
現實主義

Utilize United State's Power

長島昭久——著

李明峻——譯

本著作原書名為：《「活米」という流儀　外交・安全保障
のリアリズム》，由講談社出版社於2013年10月23日出版。

「台灣安保叢書」總序

　　亞太區域如何維持和平面臨嚴重的挑戰，中國近年來在南海的軍事擴張已造成美中衝突的可能危機，美國則希望中國不能片面改變南海現狀才有和平，雙方對峙是上一世紀九十年代冷戰結束以來，超強國家面臨直接衝突的危機。如何維持台海和平並不是台灣與中國「一對一的關係」，進一步來探討時，就不難認識到台海和平是亞太區域安全非常重要的一個環節。台灣絕非是一個被孤立的國家，最近中國與美國在亞太區域逐步提升對峙，兩岸如何維持台海和平，台灣如何積極與中國對話，使台灣在亞太區域的戰略地位更為重要。

　　中國解放軍海軍從西元2000年以前僅具在中國海域活動的能力，到2004年11月中國核潛艇首度在日本領海潛航；2008年10月解放軍海軍首次穿越第一島鏈，此後逐年穿越日本輕津海峽、宮古海峽、沖之鳥島海域、大隅海峽、宗谷海峽等。足見解放軍海軍在東海、太平洋間出入路線的多樣化與越來越強的大洋巡航能力。在東海與西太平洋如此，在南海爭議海域情況

也相同。解放軍趁著2013年與菲律賓在黃岩島之爭佔上風後，在南海爭議海域的動作也越來越大。2014年五月間中國不僅開始在南海具有爭議包括赤瓜礁在內的數個島礁填海造陸，以擴大實質控制權，並大動作在西沙群島實施海洋石油鑽探作業，還經常運用漁船進行群體干擾戰術。

美國於2012年6月由美國國防部長潘尼塔（Leon Panetta）宣稱美國在亞洲的軍事力量提升，提出「再平衡政策（Rebalancing Policy）」，開始擴充在亞洲的軍事力量。在2020年之前，美國海軍船艦由目前50%的海外軍事力量增加到60％部署在亞洲，包括六個航母戰鬥群，多數的巡防艦、濱岸戰鬥艦以及潛艦，並增加東海、南海以及印度洋的亞洲軍演次數，表達美國在亞洲提升海軍佈署是基於「Rebalance」（軍事力量的再平衡）。換言之，從日本到東南亞以及印度洋，美國決心提升同盟國的參與並保證美國提升海軍力量維護包括印度洋的亞太區域安全。

2015年8月20日，美國國防部公佈「亞太海事安全策略（Asia-Pacific Maritime Security Strategy）」，提出透過四個面向來維持亞太區域的安全。亦即，（1）強化美軍的軍事能力，以便成功嚇阻衝突與威脅；（2）與東北亞到印度洋的盟邦及

夥伴合作，強化其能力；（3）利用軍事外交來建立更透明化
的遊戲規則；（4）強化區域安全組織，並鼓勵發展更公開且
有效的區域安全架構。這份報告表示，美國加強軍事佈置不僅
止於南海，而是涵蓋從東北亞、東海，包括台灣海峽、東南亞
以至印度洋的亞太區域安全。這明顯是要全面性提升防範中國
企圖改變現狀的抑制力量，希望盟邦也不惜一切努力共同維護
亞太區域的和平與秩序。

　　然而，由於受到憲法和法律的嚴格限制，日本自衛隊並不
是如正常國家的軍隊是按照軍法而行動，而是必須遵守類似警
察法的自衛隊法。為突破此一障礙，安倍晉三首相於2014年7
月1日以內閣決議容許集體自衛權的部分行使，這是日本第一
次決定要部分行使這項權利（雖然還是只限於非常有限的範
圍）。在二次大戰結束後的日本憲法第九條規定日本永久放棄
以武力解決國際紛爭的手段，也就是雖然有日美同盟，即使美
軍受到攻擊，日本也不能參戰。這一次的安倍內閣通過「集體
自衛權」的閣議，表示只要在這些海域威脅到日本的國家利
益，日本便可以跟美軍並肩作戰，共同行使集體防衛，這是日
本戰後六十餘年以來，踏出「讓日本早日成為正常國家」的第
一步。

　　日本首相安倍2015年4月底訪問美國，此行目的之一是美日安保防衛指針再修正。此行基本上對美國的亞太再平衡戰略做出新的定義，改變美日同盟的互動關係，同時大大提升日本的全球角色，並有著取代英國成為美國最重要全球戰略盟友的意味。2015年防衛合作新指針有兩點相當突出，首先，它明確提到美國會提供包括核武力量在內的嚇阻能力以協助日本（The United States will continue to extend deterrence to Japan through the full range of capabilities, including U.S. nuclear forces）。其次，2015指針強調美日同盟的防衛合作是從和平到戰爭的連續狀態（from peace time to contingency），加入在1997年不存在的「灰色地帶（Gray Zone）」對應處置，以及以全政府途徑（Whole of Government Approach）處理。

　　為落實此項政策，安倍政府必須進行安保法制的修改。換言之，填補這樣的安全保障漏洞與不合理狀況，是此次和平安全立法的意義。解禁集體自衛權後，美國與日本安保於2015年4月將「防衛合作新指針」再強化，安倍晉三首相進一步修改、整合10個舊安保法制，為「國際和平支援法」與「和平安全法制整備法」的新安保法體制。重要的是，日本自衛隊與美軍間的合作關係將更加順暢，如此將使得同盟關係愈加堅固，

而更有效的日美合作模式，愈能為亞太和平穩定做出貢獻。

　　台灣安保協會是以促進台灣、美國、日本民間之安全保障對話，增進三國學術交流暨亞太和平為宗旨，希望促進台灣、美國、日本民間之安保對話與學術交流；進行亞太和平與國際安全保障體系之政策研究。為此，本協會計畫出版一系列與台灣國家安全與外交政策相關之「台灣安保叢書」，台灣的安全保障是每一位台灣人應該共同關心的問題，期待「台灣安保叢書」系列的出版能夠收到兼具知識與教育的效果，能夠讓更多台灣人獲取正確且全盤的台灣安全保障理論。

　　　　　　　　　台灣安保協會名譽理事長　羅福全

目次
CONTENTS

前言

風雨前的寧靜
——釣魚台列島「國有化」的始末

2012年4月22日，當時擔任東京都知事的石原慎太郎打電話給我，魯莽地向我提出這樣的要求——「雖然我跟野田首相不太認識，但仍是想跟他見個面，幫我安排一下吧？」當時我人正於首相官邸值勤，以首相輔佐官的身分負責外交及安全保障的相關事務。然而，當石原都知事向我提出這個要求時，突然浮現在我腦海裡的卻是「尖閣」¹這兩個字。原因是在不久之前，也就是4月16日那天，石原都知事剛於美國保守色彩濃厚的智庫——美國傳統基金會（Heritage Foundation）上，發表東京都「釣魚台列島購入計畫」這個充滿衝擊力的聲明。

————————————
¹ 日文的釣魚台列島。

「有什麼事情嗎？很急嗎？」面對我連續的提問，石原都知事急躁且不耐煩地表示：「是橫田！橫田阿！在野田首相訪問美國之前能安排好嗎？」

原來是橫田基地的事啊，如此一來便可以理解石原都知事為何如此急促了。由於美軍的橫田基地的「軍民兩用化」關係到2020年東京奧運的基礎設施整備，因此受到外界極高的注目與關切，然而，事實上自我進入首相官邸就職之後，我便曾經與石原都知事的親信團體共同合作，意圖將橫田基地軍民兩用化一事置入日美政府間的正式議程，並反覆地舉辦關於此事項的研討會。

在歐巴馬政權下負責亞洲外交事務的助理國務卿坎貝爾（Kurt Campbell）以民主黨在野時期便已經創立的智庫——「新美國安全保障中心」（Center for a New American Security, CNAS）的上級顧問克隆尼（Patrick Cronin）為中心，加上過去擔任駐日美軍司令官的美國空軍退役將軍與熟悉基地問題的日本或者美國的前任政府高官等人，共同進行橫田基地的官民合作專案，並預計於2013年內公布官民合作專案的最終報告書。

總而言之，雖然石原都知事在電話上沒有馬上切入釣魚台列島事件，使我鬆了一口氣，但另一方面，我卻有一種狂風暴

雨即將來臨的預感。我感覺到在不久的未來，可能會發生比兩
年前九月的中國漁船衝突事件更為嚴重的事件。

石原家族的事、SAIS與CFR的事

我與石原家族的交情長達半個世紀左右，而石原家族也刺
激我將成為政治家當成我的人生目標。石原都知事的次子——
石原良純是一個優秀的演員，同時也是個相當活躍的氣象主
播。我與良純共同在慶應義塾幼稚園一起就讀，由於良純剛好
跟我是同一個年級，因此，我跟良純在小時候便常常一起搭電
車上下學。

1989年七月底，剛好我正於慶應義塾大學研修碩士學位，
良純連絡我希望我能夠幫他一個忙。因為他的兄長——石原
伸晃（曾經擔任過自民黨幹事長，目前擔任環境大臣）剛辭
去《日本電視》的政治記者，並且有意參加下一期的眾議院大
選，因此良純希望我能夠幫忙助選，使石原伸晃能夠在眾議院
選舉後順利當選。

在這之後，我為了更加深入地學習外交與安全保障事務，
於是我前往美國。我在31歲時展開我在美國的留學生涯，在面

對不熟悉的語言環境之下,於約翰霍普金斯大學(John Hopkins University)的高等國際問題研究學院(Paul H. Nitze School of Advanced International Studies, SAIS)取得國際關係碩士學位。SAIS是冷戰時期著名的戰略家尼采(Paul H. Nitze)所創設的國際政治領袖培育學院,集中以美國為首的世界各地的中階精英,使這些精英嚴密地接受國際政治領域的學習與挑戰。其中,最讓我印象深刻的是卡特政權時期擔任國家安全顧問的布里辛斯基(Zbigniew Brzeziński)的課程,雖然課程內容非常扎實,但一問一答的蘇格拉底式的教學方式也讓整個課程氛圍充滿了緊張感,這樣的學習過程成為我人生中的重要回憶之一。

從SAIS畢業之後,非常幸運地我進入具有代表性的美國智庫「美國外交關係協會」(Council on Foreign Relations, CFR)就職,成為該智庫第一個採用的日本籍研究員。最初我加入「朝鮮半島和平專門小組」,負責朝鮮半島相關事務。透過該小組,我認識了美國前國務卿──阿米蒂奇(Richard Armitage)、美國前國防部助理部長,現為哈佛大學教授──奈伊(Joseph Nye)、前美國國家安全委員會(National Security Council, NSC)亞洲事務高級長官,現為美國戰略暨國際問題研究中心(Center for Strategic and International Studies, CSIS)副

所長及喬治城大學（Georgetown University）副教授——格林
（Michael Green）等人，日後我也陸續地熟識許多熟悉日美關
係的專家。

　　然而直到目前為止，只要提到CFR，日本內部仍有許多陰
謀論的聲浪出現，許多人認為CFR是個「打算支配整個世界」
的陰謀組織。我也曾經讀過宇野正美的書，[2]然而，即便我曾
經想像過這樣的可能性，但與CFR有關的著名政治家、學者或
者是商業人士相比，大家都是世界級的菁英分子，像我這樣的
平庸之人在其中也只不過是個微不足道的小角色罷了。事實
上，只要實際去參與CFR，就可以發現事實與傳言的陰謀論相
差甚遠，CFR實際上是個開放且嚴謹的超黨派智庫。

　　總而言之，在美國的七年期間所培育的社會資本對我而言
是一個寶貴的財產，而現在正是檢視其真正價值的最佳時機。

感動於野田首相的決心

　　讓我們再將時間快轉到2012年的春天。4月29日，野田首

---

[2]　宇野正美是一名國際時事問題的評論家，以反猶太主義者及陰謀論者
　　的身分聞名。

相前往美國華盛頓DC進行正式訪問，這也是民主黨執政以來的首次的華府訪問。而在野田首相出發的兩天前，也就是4月27日，野田首相在首相官邸接見了石原都知事。

在短短15分鐘的會談中，石原都知事不怎麼提到釣魚台列島的事，反而是將矛頭指向外務省，熱烈地談論橫田基地的「軍民兩用化」。野田首相一方面認真地傾聽石原都知事對橫田基地的主張，另一方面他也尖銳地感受到釣魚台列島問題的急迫性。在這之後，外務省與東京都之間勢必會針對釣魚台列島問題進行一場激烈的爭論。

「反而沒什麼提到釣魚台列島呢」在與石原都知事結束會談後，野田首相叫住當時也同席的我。「那麼，你對釣魚台列島問題有什麼看法呢？」野田首相這麼問。我提出自己真實的想法，表示：「與其讓東京都去購買釣魚台列島，還不如讓國家來買。這樣才是合乎道理的作法。」聽過我的想法之後，野田首相沉默了下來，自言自語的說：「原來如此」。

20天過後，野田首相終於下達高度機密指示，表示將要進行「政府購買釣魚台列島計畫」的相關檢討作業。野田首相從首相官邸的總理職務室向以藤村修內閣官房長官為首的極少數政府高階首腦傳達他的決心，表示必須開始進行三方祕密交

涉。這三方所代表的是中國政府、東京都與具有釣魚台列島土地所有權的所有人。由外務省負責跟中國政府進行交涉，針對東京都的則是在下我，而針對土地所有人的則是內閣官房副長官長濱博行。

我對於野田首相展現這樣毫不動搖的決心，真的感到非常驚訝與感動。

在某日夜晚，我將這樣的事情寫入我的日記中，也敘述著我必須開始進行的決心。「若以國家的名義來購買釣魚台列島，勢必無法避免日本與中國之間的衝突，即便在國內政治，我也對與石原都知事的之間的衝突有所覺悟。」

「悄悄的進行」

我們最終採取的方法仍是「悄悄的進行」。也就是說，參與人只限縮於首相官邸與外務省的相關人員，透過彼此之間的緊密合作，在絕對保密的情況下進行政府購買程序，可以的話預計於數月之後再對外進行正式發表。

我們採取這樣的祕密手段，一方面也是參考台灣的例子。2004年1月，台灣政府進行釣魚台列島土地登記一事，3個月之

後才對外進行正式發表。

透過政府購買計畫，只不過是將釣魚台列島的所有人名義從民間私人機構移轉至國家機構而已，關於釣魚台列島的現狀並不會有任何的改變。因此我們合理的判斷，中國方面應該不會有什麼特別嚴重的騷動。

然而，就在7月上旬，首相官邸內傳來一個令人震驚的消息。令人出乎意料的是，《朝日新聞》已經獲得了政府祕密作業之訊息，並且隨即就要披露這件事實。雖然驚訝不已的我們使盡全力，要求《朝日新聞》不要對外公開這項消息，然而《朝日新聞》仍於7月7日以世界級獨家之姿揭露了政府祕密作業的事實。值得一提的是，7月7日對中日兩國而言，是個具有特別意義的日子。因為75年前的7月7日正好是「蘆溝橋事變」爆發之日。

《朝日新聞》上斗大的「國有化」三字，不但阻礙了日本與中國之間的對話，也成為了妨礙日本與美國之間對話的元凶。「國有化」的英文翻譯為「nationalize」，不但有日本政府從民間收購釣魚台列島的涵義，也帶給國內與外部國際社會日本單方面改變現狀的印象。

被迫轉換的「悄悄進行」路線

原先的計畫是打算祕密地分別與東京都跟土地所有人協商，進而取得政府購買釣魚台列島的協議，在完成政府與這兩方之間的協議程序之後，數個月後再取得日中基本的共識及同意，最後對外進行正式的公開發表。然而，這樣的「悄悄進行」路線卻在剛開始進行一個多月左右被迫暴露於光天化日之下，突然被丟進喧譁吵鬧的環境之中。這種感覺就像是工作人員正在舞台上忙碌奔波進行準備工作之際，突然之間布幕無預警的升起。

根據《朝日新聞》的報導，營造出宛如日本率先對對手進行挑釁的印象，並且不斷地在國際社會擴大，因此政府也疲於控制日本國際印象的損害。首先，是與中國的接觸及溝通。詳細的方法難以用簡單的文字加以明確敘述，簡單來說，身為首相輔佐官，我所運用的管道是多元分歧的，包含正式的外務省來與中國接觸，另一方面則使用各種非正式的渠道。

我主要透過以下的三點說明，希望能得到中國的理解。首先，這次的「政府購買釣魚台列島計畫」並不會特別地改變目

前的現狀。其次,「國有化」一詞其實誤導了真相,事實上只不過是將釣魚台土地所有人的名義從民間機構轉換至政府機構(國土交通省)而已。(況且,1932年日本政府販售釣魚台列島,其土地所有權從國家轉移至民間機構,這次的措施也不過是再度將土地所有權置入國家而已。)最後,石原都知事的購買計畫是打算光明正大的活用與利用釣魚台列島,如此一來更會造成中日關係間無法計算的損傷,因此政府這次的購買計畫其實是不得已的下策。

另一方面,釣魚台列島五島之中的「大正島」[3]早於1921年就被當時的日本政府(財務省)所購買,故日本政府這次購買釣魚台列島的行為並非先例。此外,真正將釣魚台列島「國有化」的應該是中國而非日本。1992年中國制定《中華人民共和國領海及毗連區法》,正式將釣魚台列島歸為中國的自有領土。然而,雖然我方提出這些反駁來企圖說服中國,但最終仍是未能取得中國的理解。

中國曾經再三向日本警告,若讓東京都購買釣魚台列島,勢必會建立船隻停泊處、新設燈塔並且派遣職員常駐於釣魚台

---

[3] 我國稱為「赤尾嶼」。

列島，而成為最糟糕的情況。面對中國的警告，我國政府則表示「為了維持與管理釣魚台列島的和平與穩定，日本抱持著國家的責任，出面購買釣魚台列島，對中日兩國而言不是更為理想嗎？」然而，要讓中國接受這樣的說法仍是相當困難。

中國不具有我國法治主義的最基本程度理解（或者是不願意去理解），中國屢次表示：「既然石原都知事只是地方首長，為何中央無法控制地方的聲音？為何政府會受到土地所有人意圖的影響？」另一方面，就算中國能夠理解我國的法治主義，中國也會認為野田首相與石原都知事之間一定具有私下陰謀，企圖共同操弄釣魚台列島議題。因此，中國根深蒂固的對日本的不信任可能也會妨礙中國對此事件的正確理解。

2012年的8月下旬，石原都知事與野田首相會面進行極密會談。之後，「石原與野田的陰謀論」之說也浮出檯面（正確來說，是被石原都知事於記者會洩漏兩人之間的祕密會談），而這也成為中國政府首腦認定日本具有陰謀的不動如山鐵證。

理所當然的，對於在野田首相與石原都知事兩者之間忙碌奔走而感到精疲力盡的我而言，根本就沒有所謂的陰謀。在當時，由於東京都購買釣魚台列島計畫所獲得的募款已高達14億日元，石原都知事就算想要退出也已經無法回頭。而在野

田首相最後終於決定由政府出面購買釣魚台列島時，我夾在雙方之間而陷入「忠孝不能兩全」的困境。正如同歷史上，平重盛被迫夾在父親平清盛與後白河法皇中間一樣，我在當時便能深刻地體會平重盛那種左右為難的苦惱。雖然，石原都知事在此事件發生之初曾不避諱地公開表示說「最好還是讓國家來購買」，但石原也明確且嚴厲地要求國家在購買釣魚台列島之後，應該盡力地去活用與利用釣魚台列島。

另一方面，整個購買釣魚台列島事件之爆發恰好碰上眾議院大選的最後倒數，當時幾名可能成為自民黨總裁的有力候選人都異口同聲地表示「必須以強硬的態度處理釣魚台列島問題」，進而煽動我國國民的民族主義。是故，野田內閣一方面必須管理日中關係，另一方面又要面臨「反中」的沸騰民意，而陷入兩難困境，我也只能不眠不休地進行相關作業。

美國的真心話

對中方面，日本的外交部門開始動員所有可能的外交渠道以對中國政府進行溝通，包括中國外交部常務副部長張志軍與黨中央負責外交政策決策的「外事工作領導小組」的中央外事

辦公室主任戴秉國，同時他也兼任負責外交事務的國務委員。
我們努力地向中國政府官員解釋日本政府購買釣魚台列島並
不是要「改變」現狀，反而這是「維持」的現狀的唯一實際
方法。

　　1972年日本首相田中角榮前往中國與中國國務院總理周恩
來進行會談，最終促成日中邦交正常化。在這之後，日本政府
與中國政府或者是雙方的政治家之間便具有一股若有似無的
「無言的默契」。我們努力地向中國權力核心轉達，為了維持
雙方這種「無言的默契」，由日本政府出面購買釣魚台列島是
唯一的道路。

　　1979年當時的外務大臣田園直於國會進行答辯時，曾經針
對中日間的「無言的默契」提出明確的說明。田園直表示，所
謂的「無言的默契」意指日本與中國雙方之間「應該謹慎地採
取任何刺激性與宣傳性的活動」（參考1979年5月29日眾議院
內閣委員會之會議紀錄）。另一方面，關於目前社會廣泛流傳
的「中日間沒有暫時擱置釣魚台主權爭議的共識」，已經被許
多專家學者公開表示證實，在這裡便不多加敘述。上述的專家
學者包括：1972年9月田中首相與周恩來總理進行日中邦交正
常化的交涉時，同行的條約課長──栗山尚一；1978年8月日

中雙方交涉《日中和平友好條約》之簽訂時，同席的中國課長
──田島高志；《日中國交正常化》一書之作者並且同時身為
釣魚台爭議的研究權威──中央大學教授服部龍二。

在處理與中國之間協商問題的同時，我也同樣費盡心思地
向美國傳達日本的心意。當時的美國助理國務卿坎貝爾是我的
朋友，而他正好也在日本，因此我排定時間與坎貝爾進行非正
式的會談。會談中針對正在發生的釣魚台列島購買問題，我試
圖在不偏離立場的範圍內，盡我所能地向坎貝爾說明日本意圖
與政策，並且互相交流彼此的意見。

助理國務卿坎貝爾在90年代柯林頓政權下擔任國防部副助
理部長，在主導完成日美安保的重新定義之後，於華盛頓的頂
尖智庫CSIS擔任副所長。之後，坎貝爾與歐巴馬執政時期擔任
國防政策副部長的佛洛諾依（Michèle Flournoy）共同設立民主
黨智庫──CNAS。2008年民主黨總統候選人初選時期，坎貝
爾擔任希拉蕊（Hillary Clinton）的外交政策顧問，而希拉蕊雖
然最終無法勝出仍被歐巴馬總統提名擔任國務卿，而坎貝爾也
一併進入國務院，負責美國對日及亞洲的總體策略。

在過去那段非常艱困的鳩山由紀夫執政時期，體質堅韌的
民主黨正重新規劃外交政策軌道，當時給予支持的正是坎貝爾

助理國務卿。因此，在這次野田政權極端困難的決策上，我認為提供坎貝爾正確的資訊是必要的。同時，坎貝爾在過去建構美國與中國權力核心之間的緊密聯繫機制，所以更需要認真傾聽坎貝爾的分析。

坎貝爾傳達下的美國心意是很明確的，那就是美國無意介入日中間麻煩的紛爭。事實上，日本二次大戰戰敗後，在美國的主導之下日本藉由《舊金山和約》（*Peace Treaty of San Francisco*）的簽訂重返國際社會，而《舊金山和約》明確記載1971年的《沖繩返還協定》（*Agreement between Japan and the United States of America Concerning the Ryukyu Islands and the Daito Islands*）的議事紀錄上清楚地記載日本領有釣魚台列島的事實與經過，但美國從不在公開場合上承認這項事實。因此，老實說，就像美國過往的姿態一樣，美國的真心話就是如此。

我催促以坎貝爾為主的華府各個日美關係專家公開表態美國明確支持日本具有釣魚台列島主權的立場，並引用1956年至72年之間美國海軍在釣魚台列島的赤尾嶼（日文：大正島）與黃尾嶼（日文：久場島）設立射擊與爆破演習場這項事實。然而事實上，日美同盟存在著兩種不同的困境。一種是擔心自己被捲入同盟國的紛爭與戰爭，另一種則是擔心自己被同盟

國所拋棄。以前者來說，過去美國參加越戰、波斯灣戰爭或伊拉克戰爭時，日本內部就會開始出現這樣的爭議。然而另一方面，若本身對同盟國而言沒有太多作用，甚至成為同盟國執行外交政策的一項阻礙因素的話，則可能很快的就會被同盟國所拋棄。這就是嚴峻的國際政治現實，1923年日英同盟解散的狀況，便如同後者一樣。

與坎貝爾對談之後，對於日美同盟成立以來，美方首次抱有不願被捲入其他紛爭的猶豫，我有某種難以言喻的感慨。但不管如何，目前當務之急的仍是盡快地去除美國的擔憂。然而，當我國面臨戰後最大的外交危機時，如何才能「活用」美國的力量？對我而言，這個問題才是最重要的。為了讓日本能夠更加活用美國的力量，我國必須在最大許可範圍內，向美國提供正確的情報資訊──包括我國的立場與處理應對策略。

正是為了維持釣魚台列島的現狀，日本政府不得不以這種方式處理石原都知事的「爆走」，而我們也已經向中國反覆地傳達我們的意圖，表達日本絕對沒有任何挑釁的意味。我誠懇且謹慎地向坎貝爾說明上述的日本意圖與策略。由於坎貝爾有自己在中國的人脈，因此以他從中國取得的情報為基礎下，坎貝爾不單純只是推測中國方面的想法而已，他其實在這次事件

中具有高度的敏銳度。他仔細地探討所有日本可能的選擇，直率的表示日本不但要謹慎的思考，並且應該慎重地採取任何行動，而之後再去處理東京方面的問題。

中南海的權力鬥爭

雖然《朝日新聞》的獨家報導擾亂了一池春水，但「悄悄進行」計畫仍漸漸地取得一定程度的成果。為了維持日中雙方間的「無言默契」，我們感受到中方有對日本政府購買釣魚台列島一事具有某種程度的「默默許可」。我想，至少像戴秉國這種的層次上級幹部已經傾向於默默許可日本的行為（理所當然戴秉國本人或其他上級幹部並不會親口承認）。

但是中國這樣的氛圍也隨著八月的來臨而跟著有所變化。其中的原因究竟為何目前仍不能得知。但或許跟中南海的權力鬥爭有所關聯吧。進入秋天之後，不但中國原先預定舉辦第十八屆中國共產黨全國代表大會的日程往後延期，歷年來都在七月舉辦的中共中央高層的「北戴河會議」也延至八月上旬才開會。

以習近平為首的中共新權力核心成立後將中共內部的權

力鬥爭帶到了另一個頂點，且權力鬥爭的激烈化可能也是導致
2013年3月薄熙來事件爆發的一個重要因素。薄熙來在過去以
打擊官僚組織的瀆職腐敗而享有盛名，也被外界預估是這一
次政治局常務委員會（中國共產黨的最高決策組織）的成員之
一。因此過去就有傳言說薄熙來這次的失敗是因為「團派」
（以胡錦濤為首的共產黨青年團體）與「上海幫」（以江澤民
為首的派系團體）之間對主導權的激烈鬥爭下的犧牲品。我同
樣也認為這種可能性是極高的。

　　尤有甚者，在胡錦濤的親信令計畫的親人的醜聞事件爆發
後，中南海的權力鬥爭陷入大混亂局勢，結果也一併地摧毀日
中雙方在釣魚台事件上的「合作」。

　　在激烈的權力鬥中後，原先「默默許可」日本購買釣魚台
列島的派系也逐漸降低其在中南海的影響力，而直到9月9月於
海參崴所舉辦的亞太經濟合作會議（APEC），我們才大概能
了解中國方面的想法。當初，雖然中日雙方的外交單位試圖在
5月探詢彼此首腦能夠會面的機會，但在日中韓首腦會議之後
並沒有適合雙方首腦進行會談的場合，因此便積極利用APEC
會議開始前與結束後的雙方首腦「閒話家常」的時間來進行釣
魚台事件的討論。

　　關於雙方談話的內容在這裡無法很詳細地陳述，簡單來說，胡錦濤主席對於這次的釣魚台事件，他警告日本：「購買釣魚台列島是一個錯誤的決定，並且會導致嚴重的事態發生」。對於胡主席的警告，野田首相冷靜地向胡主席傳達日本明確的意圖。

　　最後，雙方仍舊未能對此事產生共識，野田政權也按照既定策略前進，於10日後的相關閣僚會議上正式確認政府購買釣魚台列島一事，9月11日完成釣魚台列島所有權的移轉登記程序。

　　4日後，也就是9月15日，中國各地發生大規模的反日示威抗議活動，以表達對日本政府購買釣魚台列島一事之不滿。一部分的中國民眾手段更為激烈，相繼破壞與搶奪豐田汽車與本田汽車的販賣店鋪，並且攻擊松下電器的電子零件工廠與永旺綜合購物百貨公司等日本企業。雖然最初北京當局的態度是同時公開與私下縱容國內的反日示威活動，但始料未及的是，反日示威活動最終升級至對共產黨政權的不滿，特別是對社會階級差距與官僚貪污腐敗的憤怒，而發展至全國性的暴動，因此北京當局只能在918事變的隔日展開滅火行動，以消除全國民眾的憤怒。

乍看之下中國這次的反日抗議示威活動似乎跟過往沒有什麼不同，但令人注目的是這次民眾高舉毛澤東肖像的行為，輕微地暗示了今後中國社會的不穩定性。根據我所聽聞的，示威遊行者之中包含了企圖復活「毛澤東路線」的薄熙來支持者，而毛澤東的肖像上也寫著「釣魚台是中國的，薄熙來是人民的」這樣的標語。9月28日，中國共產黨做出剝奪薄熙來黨籍的嚴屬處分，是故，回顧過去發生的一連串事件，不容否認「日本政府購買釣魚台事件」也被捲入了中國的權力鬥爭之中。

身為國際情報分析方面首屈一指的專家──前日本駐泰國大使岡崎久彥，在這次釣魚台事件的前幾個月曾經投稿至《產經新聞》的〈正論〉，表示：「薄熙來事件之後，北京當局已無法容忍反日的示威活動，因為他們不曉得「反日」活動何時會轉變為「反政府」活動。」（2012年6月1的）。岡崎久彥也曾在我主辦的研討會上表示：「關於這次釣魚台事件引爆出中國民眾的反日活動，很難從戰略與合理性的角度來解釋為什麼中國政府能夠容忍這次活動可能導致的風險，因此在我的推測之下，應該具有其他的因素才是。其實，也就是中國領導精英內部的權力鬥爭。」

　　另外有一種說法則否定了中國內部的權力鬥爭說，NHK9月28日的報導指出，導致中國政府在釣魚台問題上激烈反應的一個重要原因可能就是，中國國家主席胡錦濤感覺自己被野田首相「羞辱」了。根據NHK的報導，中國前外交部長唐家璇於27日晚間與日方友好團體代表共進晚餐，而根據同席的自民黨前幹事長加藤紘一的引述，唐家璇表示「日本的舉動讓中國顏面全失」。另一方面，也有報導指出當時的外務副大臣山口壯與攜帶胡錦濤親筆書信的戴秉國會面時，滿口謊言的表示「日本政府沒有出面購買釣魚台列島」。然而，在這裡我必須先加以聲明，報導內容完全扭曲了事實的真相。

　　正如前面所敘述的，在《朝日新聞》的大獨家披露之後，我們便努力地向外界說明我國政府的政策方針，希望尋求外界對我們的理解。因此在購買釣魚台列島的正式閣議決定之前，我們便已經向中國的外交當局傳達真實的訊息。

　　這也突顯了我國的大眾媒體的重大缺陷，面對中國正在進行的「輿論戰」（輿論戰、法律戰與心理戰為中國的對外政策的三大戰術，簡稱「三戰」），我國媒體毫無妨備地讓中國成功地塑造對其有利的輿論，而沒有任何因應之道。

身為防衛副大臣的最後任務

2012年10月，我在野田內閣第三次的內閣改組之後於新擔任防衛省的防衛副大臣。當時恰好碰到中國公船屢次侵犯我國釣魚台列島周邊領海事件，因此我也忙於處理這方面的問題。很明顯地，中國侵犯我國釣魚台領海的舉動是為了測試日本的態度。或許更明確的說法，是企圖測試日本靠山──美國的態度。

發生了這樣的大事，當務之急是努力強化我國自身的防衛基礎，特別是快速強化以釣魚台列島及沖繩為中心的西南區域的國防體制。在這之中，我認為特別重要的是「美國」因素，日本如何與同盟國美國加強更為緊密安全保障合作關係？如何去「活用」美國的力量？這些問題佔據著我的腦海。因此，我在與當時的防衛大臣森本敏商量之後，前往美國與美國國防副部長卡特（Ashton Carter）和助理國務卿坎貝爾會談，雙方同意將開始進行關於日美防衛合作方針重設的具體實務作業。當時民主黨正面臨解散國會的危機，因此民主黨總部正如火如荼地準備即將來臨的眾議院選舉，我在那個時候選擇出國無非是

個大膽的舉動。

　　同時，國內對策也非常重要。非常罕見的是，我在回國之後以野田政權底下防衛省「政務三役」⁴的身分受邀前往自民黨的國防部會，向其說明這次的訪美報告與重新設定日美防衛合作方針的相關意義。外交及安全保障問題直接關係一個國家國家利益，因此應該以超越黨派的態度處理這些問題。加上為了不讓政權輪替之際產生不必要的混亂，我選擇出席。當初民主黨從自民黨手中取得政權時，關於外交及安全保障的相關政策只能說是一片混亂，並沒有做好妥善的任務及工作交接。為了不再重蹈覆轍，我在取得野田首相的許可之下，出自交接的精神出席自民黨的國防部會。

　　最後，民主黨輸了2012年的眾議院選舉，野田首相也隨即宣布辭任民主黨黨魁。野田首相宣布辭任黨魁的隔日，也就是12月17日，我看著白宮發言人卡爾尼（Jay Carney）在例行記者會的最後發言，我才感受到我們又再一次以在野黨的角色迎接未來全新的挑戰：

────────────

⁴　所謂的「政務三役」，為內閣所任命的大臣、副大臣及政務官之總稱。

在這裡我想要另外感謝歐巴馬總統對於野田首相任內所達到的日美關係成果所帶來的貢獻。歐巴馬努力貢獻下的日美合作關係不僅限於兩國之間的議題而已，更擴及至地區甚至全球層次的廣泛議題。然後，我也要感謝野田首相的努力，期望野田首相日後也能繼續活躍於舞台之上。

釣魚台事件的核心

關於野田政權「由政府購買釣魚台」的決策，外界有很多看法，也從很多角度出發來檢證結果成效。多數的聲音是負面的，有的是批評野田政權，有的則是批評石原都知事。

「有其他更好的方法嗎？」若有人這樣問我的話，我會引用陸奧宗光曾經說過的話來回應：「我不得不相信沒有其他更好的對策。」[5]（出自《蹇蹇錄》）

早在2004年自民黨小泉純一郎執政時期，便已經有透過國家層次的行為主體來購買釣魚台列島的相關計畫，當時小泉政

---

[5] 原文：「他策なかりしを信ぜむと欲っす」。

府也和釣魚台列島的土地所有者祕密探討購買釣魚台列島的可行性。事實上，由於土地所有者的年齡問題與財政方面的問題，我們擁有的時間已經不多，加上外界流傳著中國資本已開始接近釣魚台土地所有者的消息，總體而言，隨著時間消逝，釣魚台列島的情勢變得越來越不穩定。

當中國決定以習近平為中心成立新的領導班子的時候，對野田政權而言，勢必不想繼續拖延釣魚台的問題，並且希望在中國新體制開始運作之前解決這個問題。因此，關於外界對政府購買釣魚台的「時機點很差」的批評，我認為這樣的批判沒有清楚認識到當時釣魚台列島事件的急迫性。若錯過這個時機點，究竟要拖到什麼時候才是好的時機點？假設政府最後決定拖延這個問題而不解決，難道今日中國就不會三番兩次地發起挑撥性的侵害行為？老實說，若今日不加以解決，最後的結果就會像過去那樣，放任中國在「日中東海中間線」附近肆意妄為地開發油氣田。

不容否認的是，石原都知事獨特的行事風格確實讓釣魚台問題變得更為激烈且複雜化，但我們絕對沒有搞錯應該前進的方向。那麼，釣魚台問題的核心點究竟是什麼？我想或許就在中國內部吧。理所當然的，我這麼說並不是打算將一切責任

都歸咎於中國。野田政權最需要反省的地方，就是沒有建立我國與中國領導核心之間的重要連結管道。根據現役「知華派」（チャイナ‧スクール）外交官之說法，1972年日中邦交正常化以來，過去扮演日中之間的關鍵傳輸管道是野中廣務（前日本官房長官）與曾慶紅（前中國國家副主席）之間的關係，但這樣的重要管道最後卻無法傳承下來。

2010年9月的釣魚台海域漁船衝突事件便突顯了日本與中國之間互相溝通與理解管道的嚴重不足。然而，雖然外界批評民主黨沒有建立與中國之間的意見交流管道，但綜觀當時整個日本政界，也沒辦法找到一個能夠肩負與胡錦濤政權進行危機溝通管理的關鍵人物。另一方面，平時能夠與中國進行溝通的政治家在我國則沒有少過，像小澤一郎與二階俊博等政治家在平時可以透過巧妙的手段與中國方面維持友好的交流。

但日本現在需要的不是平時的溝通管道，而是攸關雙方國家利益的事件爆發之前（或者是迴避危機的狀況）的危機溝通管道。我國缺少能夠堅強地與中國權力核心進行交涉的政治家，這是個無法掩飾的現實。如此一來，日本與中國之間的交流管道只能藉由雙方外交部門之間的正式溝通渠道。也就是說，我們的溝通對象只能指向中國決策體制下明顯地位較低的

外交部，最高也只能到負責外交事務的國務委員戴秉國（副首相級）之層級而已。然而，根據解決世界紛爭與危機管理上具有實績的「國際危機組織」（International Crisis Group, ICG）研究員的說法，戴秉國在中國共產黨的位階排序最多只排到51名而已，因此現實上我國正確的外交意圖與政策目的是無法直接傳送至中南海的決策中心。

此外，根據東京大學大學部川島真副教授的看法，經過中國權力核心內部激烈的權力鬥爭，中共可能會在決策過程中陷入一種「學級崩壞」[6]的狀態。因此，雖然我們期待中共會選擇合乎理性的決策，但最後中共可能會出現毫無理性基礎的判斷。另一分面，川島副教授也表示我們必須認識到，由於共產黨黨中央集體領導的制度化，可能導致黨中央內部的意見分歧而無法取得全體一致同意的情況。

我們認為，中國手上握有時間的優勢。中國增強其海上權力的速度令人驚訝，數年內中國海上執法機關內具有1000噸以上等級之船舶數量將遠遠凌駕於我國海上保安廳同等級的船

───────

[6] 「學級崩壞」一詞最早用於解釋90年代後期日本初等或中等教育機能崩解的狀況。當時日本學生出現頻繁性的不受控制及破壞行為，學校無法有效地教育及管理學生，而導致日本學校迅速擴散的失序狀態。

舶數量。美國戰略家都在警惕著中國的「寧靜侵略」（creeping invasion）正在遁序漸進地進行中，因此目前我們所剩下的時間已經不多。關於這點，在本書的第三章上會有較為詳細的敘述。

2013年1月的發生的「雷達照射事件」也很清楚地顯示中國共產黨中央領導班子內部的「學級崩壞」不只是權力移轉時期的特有問題而已，「學級崩壞」已經具有長期發展的傾向，今後勢必成為日本甚至是整個世界的問題。中國目前的問題就像我國二次大戰前的昭和初期一樣，由於國內權力核心的「學級崩壞」，產生軍方與最前線的法律執行機關失控暴走的危險性。

如同本章前面的敘述，若仔細觀察中國過去30多年以來積極擴張中國於南海與東海的「海洋國土」的實際狀態，便可明顯發現中國的擴張行為已成為直接影響我國地緣戰略的嚴重問題。不論今後日本是由哪個政治勢力接管政權，面對中國在地緣政治上的挑戰，勢必要尋求一套有效的外交及安全保障戰略。關於釣魚台問題，就如同日文字面「尖閣」一樣，此問題目前是處於最「尖端」的位置。

為了解決這些問題，不可陷入一時的感情衝動或者是停止思考的幻想之中，必須從現實的角度思考我國與中國之間的國力與整個國際環境的變動，我相信這種「現實主義」式的思考

是相當重要的。這樣的現實主義正是我觀察國際關係,推敲我

國外交及安全保障政策的指南針。

第一章　外交及安全保障的現實主義

現實主義的原點：小泉信三的和平論

　　本書的目的，是完整地解釋日本外交及安全保障的相關事務。在我過去擔任負責外交及安全保障相關的首相輔佐官時，我直接面對的最重要一個挑戰，即為釣魚台列島的「國有化」問題。而我也幾乎毫無保留地將釣魚台列島「國有化」的過程與事實，正確且詳細地記載於前言上。在前言的最後，我提到了在國際關係理論中相當重要的「現實主義」。

　　所謂的「現實主義」（Realism）從字面上來看，意即正視現實面的思考方式。現實主義認為，由於國際社會沒有所謂的世界政府來進行管理，所以國際社會基本上處於一種無政府下的無秩序狀態，國家與國家之間的權力平衡（balance of power）形成國際社會的秩序，因此現實主義的立場是正視國際社會的冷峻現實面，以思考一個國家的外交及安全保障。德國政治學

者摩根索（Hans Morgenthau, 1904-1980）是「現實主義的開宗大師」，他曾說過：「國際政治與其他政治完全一樣，都是一種權力鬥爭」，清楚地表達出「現實主義」的本質。

相對於「現實主義」，國際關係理論的另一流派為「自由主義」（Liberalism）。我認為將「Liberalism」直接譯為自由主義較難以理解「Liberalism」的正確意涵，所謂的「Liberalism」應該稱為「Liberal Idealism」，所以將Liberalism譯為「理想主義」是比較容易促進理解的。

根據「理想主義」的內涵，其基本理念是藉由經濟關係的相互依賴、民主主義的普及與完善的國際法及制度，促進國際社會的協調與合作關係，以達成國際社會的穩定化。簡單而言，「理想主義」重視國家以外的行為主體（例如NGO）與軍事力量以外的手段（例如民生支援），其基本立場是促進各國的協調合作關係，以建構一個和平的國際社會。

關於「現實主義」與「理想主義」，歸根究底不過是提供思考國際關係的觀點而已，實際上，真實的國際社會同時包含軍事力／經濟力的「硬權力」（hard power）與國際條約／制度的軟權力（soft power），因此與其去探討「現實主義」與「理想主義」哪一個才是正確的觀點，還不如說「現實主義」與

「理想主義」之間沒有對錯問題，只是兩者站在不同的角度來觀察國際關係而已。

　　從結果來看，我在美國學習國際關係理論與古今中外的世界外交史，畢業後加入華盛頓的國際政治圈，與世界各地的外交官、商業人士、專家、記者與學生團體進行交流。我直覺認為，「現實主義」的思考方式比較適合我自己。事實上，產生這種「直覺」並不是無緣無故的，影響我思想的來源其實來自於小泉信三（1888～1966）的「和平論」。

　　我從幼稚園時期開始便在慶應義塾就讀，因此自我小時候看到《福翁自傳》這本書之後，我的骨子裡就充滿著「福澤精神」。而將慶應義塾發揚光大的小泉信三，便是體現福澤精神，將其傳播至皇室內部的大人物。

　　小泉在擔任慶應義塾塾長時剛好是二戰時期，其長男不幸戰死，他也在1945年5月的東京大空襲中受到嚴重的傷害，差點喪命。而他原本美男子的顏貌也受到了嚴重的損害。戰後，小泉擔任東宮御常時參與（之後擔任東宮職參與），負責皇太子的教育。而小泉與皇太子的英文老師伊莉莎白維寧（Elizabeth Vining）間令人心暖的互動交流也是眾所皆知之事。

　　小泉信三身為一個經濟學者，他不只是批判馬克思經濟

學，他也澈底批判整個共產主義理論。他的代表作《批判共產主義的常識》曾經榮登當時銷售排行榜的最佳銷售，其尖銳地挑出共產主義的毒害，批判當時將共產主義視為進步的思維。

小泉不只是個經濟學者他同時也是個教育家，他教導運動必須掌握三大法寶，其中之一的法寶便是──「練習讓不可能成為可能」。而我在高中時期初次聽到小泉這句箴言之後，我便開始不眠不倦地閱讀小泉的著作。至今想起來，仍令我感到十分懷念。由此可見，不難想像小泉信三在思想上對我造成的思想是無比巨大的。

特別是我大學時期所拜讀的小泉晚期小品作品──《有秩序的進步》，當時這部作品的理念帶給我一種全新的感受。我的大學時期正好碰上美蘇冷戰對峙中最激烈的階段（當時是蘇聯侵入阿富汗以後，美蘇軍備競賽的激烈化時期，故又被稱為「新冷戰」），而日本國內在這段期間正面臨執政黨與在野黨在「保守（反動）與革新（進步）」之間的僵持對立，因而造成國內政治事務的空轉。小泉在《有秩序的進步》這本書提出：「雖然進步是必要的，但與其是藉由革命取得進步，還不如追求秩序下的進步」。小泉這番話讓我深深感動。我想，小泉主張的「漸進的改革」正是我保守主義的原點。

　　另一方面，在我大學時期跟研究所時期的1980年代，當時的世界政治恰好是「現實主義」當道。即便二戰後我國的主流是「理想主義」，但我國的中曾根康弘首相、美國的雷根（Ronald Reagan）總統與英國的柴契爾夫人（Margaret Thatcher）共同在二戰後發揚「現實主義」的精神，藉由約束整個西方世界來對蘇聯進行澈底的圍堵戰略，迫使蘇聯投降。因此在這樣的時代背景下，對於正於研究所踏入憲法與國際政治大門的我而言，無疑更加堅固了我保守主義的基礎思想。

　　國際政治與小泉信三的連結點，是《和平論》內的相關爭論。在這本《和平論》中，小泉不但明確清晰闡述其中心宗旨，也藉由冷靜且優美的措辭以真摯表達他對國家未來的擔憂，讓我非常感動。《和平論》討論的重點是「全面講和」與「單獨講和」的是非優劣。日本二次大戰戰敗後，具有兩種簽訂和平條約的方式。其中一種是日本與全部的相關國家共同商量講和條件的「全面講和」，例如《舊金山和平條約》（*Treaty of Peace with Japan*）。另一種是採取一對一或者與少數國之間談判的「單獨講和」（或稱片面講和），例如1951年的《美日安全保障條約》（*Treaty of Mutual Cooperation and Security between the United States and Japan*）。在《和平論》中的小泉思

想，對我而言正是「日本現實主義」的原點。

下面這段《和平論》的敘述，揭開了「現實主義」的本質：

> 不論是私人場合或國家場合，我們對於相信他人的誠實
> 而感到快樂，但沒有人所希望的是，對於懷疑他人的真
> 誠而感到不愉快。然而，關於國家安危的重大事項，不
> 需要沉浸於感傷之中。我們不論在什麼場合，必須在經
> 驗基礎下，現實且冷靜地進行判斷。（《和平論》）

「理想主義」認為，日本應該以包含蘇聯在內的「全面
講和」為目標，並且在東西方對立下堅持本身「中立」之立
場。對於自由且進步的文明族群所主張的脫離現實的「理想主
義」，小泉的看法如下所示：

> 我們明日所預期的，不是日本完美無瑕的獨立。關於這
> 點必須有所認知。然而我們日本人，不是應該尋求更自
> 主且更獨立的日本嗎？可惜的是，目前日本人能夠選擇
> 的，不論是完全且全面的自由獨立，亦或不完全的獨
> 立，又或者是持續被佔領下的隸屬狀態，這一切的選擇

都是不存在的，這並非是我們能夠順暢掌握的事物。

　　理所當然的，我認同《有秩序的進步》內所論述的漸進式改革的觀點。同時，我也相當熟悉深受小泉喜愛的「保守主義之父」──柏克（Edmund Burke）的思想及理論。柏克的名作《法國大革命的省思》（*Reflections on the Revolution in France*）否定了法國大革命是以理性為中心出發的革命，柏克的保守主義強調社會體制改革必須尊重歷史上不斷累積的傳統規範、知識及習慣。因此，除了小泉思想的影響力之外，柏克的思想也成為我政治哲學的基礎來源。

　　在收取小泉論述中的國際關係現實主義與保守主義的世界觀之後，我也認同司馬遼太郎所欣賞的「明治時代的現實主義」。因此，我的歷史認識及國際秩序觀，也逐漸形塑我的「對美態度」，這也是本書的主要宗旨。關於這點，在本書的結尾我會以更加詳細的方式說明。

明治時代的現實主義：伊藤博文與朝河貫一

　　我帶著這樣的世界觀前往美國留學，在偶然的情況下，

　　我與一本名為《日本的禍機》的書相逢。此書作者為朝河貫一（1873～1948），其為世界著名的歷史學家，並且首次以日本人的身分擔任美國耶魯大學的教授。

　　接著我打算藉由日俄戰爭的經緯，以明治政府要角人物伊藤博文及太平洋另一岸的美國學界的朝河貫一為焦點，進而回顧「明治時代的現實主義」。

　　朝河貫一對於日俄戰爭中的日本姿態採取熱烈支持的立場，並在全美各地四十處以上的場所進行巡迴演講，以向美國國民，甚至是向全世界推動日本於日俄戰爭的正當性。朝河身為歷史（法制史）的學者，運用英語論文或演講直接向歐美人表示：日本不僅是賭上國家的存亡向俄羅斯進行戰爭上的挑戰，並基於俄羅斯暴力壓迫下的清朝主權尊重、領土完整，及滿州各地各個國家的機會平等等國際社會初萌芽的理念與原則，向俄羅斯宣戰。

　　雖然當時歐美掀起「黃禍論」的旋風，並對身為基督教國家的俄羅斯感到同情，但朝河明確清晰的論旨具有強大的說服力，從動搖羅斯福總統（Theodore Roosevelt）的立場到最後「日俄談和會議」的舉行，朝河的主張可說已廣泛滲透至歐美各地。

　　日本在巨大的負債及犧牲下，透過美國的居中仲裁，最後對強大的俄羅斯取得艱困的勝利。在勝利的背後是朝河貫一活躍地將歐美輿論導向支持日本的努力，是必須留在記憶而不能消去的重要史實。

　　然而，在日俄戰爭結束後僅僅四年，朝河卻寫下向日本提出警訊的《日本的禍機》一書。日俄戰爭結束後，日本破壞《日俄和平條約》（Treaty of Portsmouth）的規範，不顧主張門戶開放、機會平等及領土完整的國際公約，獨自擴大日本在朝鮮半島及滿州各地的權益，走向毫無正當性的道路。結果，導致日本原本依賴的美國也開始蓬勃興起反日情緒。在日本即將走向亡國的當下，朝河在嚴重焦慮感的驅動下寫下對祖國日本的諫言。

　　在美國留學時，對於較晚興起帝國主義的日本走向破滅的原因，我的現代史知識最多就僅止於柳條河事件（1931年9月）或皇姑屯事件（1928年6月），因此日俄戰爭後馬上回顧過去的《日本的禍機》的全新視野對我而言是充滿衝擊的。另一方面，當時的日本政府（西園寺公望內閣）究竟是怎麼想的？我對此也相當有興趣。雖然所謂朝河的觀點，也不過只是太平洋另一岸的美國看法，但我能感受到朝河藉由國際法秩序

批判日本政策的濃烈自由主義色彩。究竟，司馬遼太郎所鍾愛的「明治時代的現實主義」是如何判斷這個事件？

1990年代中期還是網路尚未普及化的時代，沒有維基百科，只能依賴有限的資訊。當時我拿著豬木正道（1914～2012）的《軍國日本的興亡——從日清戰爭到日中戰爭》，翻閱著日俄戰爭結束後隔年五月舉行的「滿州問題相關協議會」的相關軼聞。

當時擔任韓國統監的伊藤博文深深擔憂日本在滿州的排他性行動會引起英美兩國的排斥。第一個理由是，當時如果像軍方強調那樣，俄羅斯對日本的復仇戰爭是不可避免的話，世界各國對日本的同情與支援更是不可或缺（因此，反而引起他國排斥是不合理的）。第二的理由是日本國內嚴重的財政危機。日本從英國等國家借了大筆借款，也沒有從《日俄和平條約》獲得賠償金，因此日本比日俄戰爭前更依賴美國。面對這樣的現實，伊藤博文認為應該不要拘泥於目前滿州的利益，而應追求日本與英美兩國的合作協調路線。第三，面對因日本的壓迫而導致清朝整體沸騰的反日情緒，伊藤擔憂會招致難以計算的風險。

一直以來，加藤高明外相就對打算在滿州長期進駐的軍方

感到困擾，雖然他企圖藉由元老級官員伊藤博文及山縣有朋對陸軍進行勸說，但最後仍無疾而終。是故，對此事感到越來越焦慮及憤怒的伊藤博文逼迫首相西園寺公望盡快舉辦「滿州問題相關協議會」。

1906年5月22日，於日本首相官邸舉辦的這場重大會議的成員除了西園寺首相及伊藤統監之外，還包括山縣中樞密院議長、[7]大山巖陸軍元帥、松方正義樞密院顧問官、元上馨前財務大臣、寺內正毅陸軍大臣、齋藤實海軍大臣、兒玉源太郎參謀總長等13名當時日本政府的最高首腦。

在會議當中，伊藤統監除了表達上述戰略及財政方面的擔憂之外，並嚴屬批判日軍違反《日俄和平條約》的撤兵規範反而長期駐留於滿州南部，也批判大日本帝國陸軍及海軍進一步擴散日本軍政區域範圍。除此之外，伊藤統監也尖銳地指出清朝反抗的可能性等等問題。

面對伊藤統監的批判，受批判的軍方代表兒玉源太郎參謀總長則不表贊同也不願讓步。兒玉參謀總長認為雖然滿州的取得伴隨著巨大的犧牲，但也帶來日本的主權與權益，這正是確

7　日本的樞密院，是由樞密顧問（顧問官）組成的天皇的諮詢機構。其於1888年設立，在1947年被廢止。簡稱為樞府，議長也可稱為樞相。

保日本勢力範圍所不可或缺的。

　　雖然協議會的最終結論仍是採用伊藤統監的提案，但在之後的實際外交上，日本與俄羅斯透過《日俄協約》相互承認彼此在滿州的勢力範圍，排他性地經營滿州事務，結果引起英美，甚至是清朝的強烈反彈。

　　因為上述事件，作者豬木如此斷言：「就算說大日本帝國因為這個原因而導致滅亡也不會太誇張。」

　　雖然歷史上我們不談論假設性的議題，但假設當時朝河貫一提出警告時，日本依照伊藤博文的主張而快速撤出滿州軍隊，之後便不會有「滿蒙開拓」[8]的夢想，也不會產生同時追求中國大陸與太平洋的分裂式戰略。也就是說，我認為逃脫「明治時代現實主義」思維的結果，明顯導致日本輕率與歐美正面衝突的悲劇。

後冷戰時期的現實主義與安全保障的起源

　　如前所述，全球政治迎來現實主義的全盛期，日本自中

---

[8]　滿蒙開拓意指日本政府於太平洋戰爭期間鼓勵國內民眾前往中國大陸的東北、內蒙古、華北等地開拓的國家政策。

曾根政權誕生之後，也終於在1980年後期，看到現實主義的萌芽。戰後至1980年後期的這段時間，日本的輿論長期受到《和平憲法》的強烈影響，整體而言受到自由主義的思維所支配。特別是：「信賴愛好平和的各國人民的公正與信義，決心保持我們的安全與生存。」的這段憲法前言，完全反映自由主義的思想。尤有甚者，若閱讀身為《和平憲法》源頭的「麥克阿瑟三原則」的其中一段：「日本的防衛與保護委由當前世界正推動國際和平之崇高理想」的話，對於日本主體性的欠缺便能更加明白。

悲慘的戰爭帶來巨大的犧牲之後，理所當然地，戰敗國日本的輿論自然會朝向「非戰、和平」的理想主義。除此之外，美蘇兩大國共同合作，以聯合國（實際上是戰勝國的聯合）為中心形塑戰後的國際秩序也助於日本輿論朝向理想主義發展。

然而，美蘇冷戰突然爆發，象徵崇高理想的聯合國在美蘇的否決權的行使下，完全喪失應有的機能。取而代之的而出現於國際政治的，是東西兩方的集體防衛機構——「華沙公約組織」（Warsaw Treaty Organization, WTO）及「北大西洋公約組織」（North Atlantic Treaty Organization, NATO）。雖然日本跟韓國、澳洲一樣都沒有加入NATO，但無論喜愛與否，日本確實

以「西方陣營的一員」的身分，踏實走向再軍備之路。

　　日本經過前述的「全面講和與單獨講和」的爭論，透過早期和平條約的締結回復日本的獨立，並將國家政策的基本方向訂於經濟復甦的最優先性及漸進式的再軍備。韓戰爆發之後，這樣的政策基本方向更因為駐日盟軍總司令（GHQ）占領政策的大轉變，對日採取所謂的「逆轉政策」（Reverse Course），而受到GHQ的強力支持。1955年11月的「保守合同」[9]更是進一步確立日本戰後的基本方針。也就是一般俗稱的「吉田路線」。

　　吉田茂秉持「這是一個戰爭失敗但外交勝利的歷史」的想法，與GHQ交鋒斡旋，並在戰敗國極端受制的選擇中完成日本復興的藍圖。吉田茂確實是一位現實主義者。因此，即便吉田茂生涯晚年已經從政界引退，他也積極參與日本的憲法修正及再軍備。

　　然而關於吉田茂的後繼者，除了追求對等的美日同盟的岸信介，或處心積慮結束冷戰並解除西方同盟關係的中曾根康弘等人之外，幾乎都信奉戰後自由主義，輕視吉田主義路線。

9　保守合同意指日本兩大保守黨──自由黨及民主黨的結合。1955年11月15日，兩黨結合成新黨──自由民主黨，史稱「保守合同」。

最極端的例子即為三木武夫。三木武夫自稱為日本的「煞車器」，主張設立國防預算與GDP比例1%之上限，並主張全面禁止輸出武器（原本原則上除了共產主義陣營國家及紛爭當事國以外，可輸出武器至其他國家），明顯盡可能迎合主張經濟優先及軍事忌避的戰後自由主義。

日本戰後，存在「開戰」與「戰敗」的兩種創傷。「開戰創傷」指的是大正至昭和年間，日本無法控制的軍方暴走。特別是以1930年《倫敦海軍軍縮條約》（London Naval Treaty）的爭辯為主，帝國海軍內部的艦隊派與條約派之間的抗爭激烈化，[10]並引起「干涉統帥權」的相關爭論。當時的在野黨政友會將其作為政爭的工具而抨擊民政黨政權，反而卻讓軍方強硬派崛起，不久便讓日本的政黨政治走向絕路。我認為這是日本戰前政治史上一個令人悔恨的分水嶺。

所謂的「戰敗創傷」，指的是開戰至悲慘戰敗的這數年間，日本一共失去包含一般平民在內共310萬同胞的寶貴生命。日本政府在戰爭末期遲遲無法作出結束戰爭的政治決斷，到最後

---

[10] 條約派主張遵守《倫敦海軍軍縮條約》，限制軍備發展以充實國力。艦隊派則反對《倫敦海軍軍縮條約》，提倡全力擴張艦隊，挑戰歐美列強在亞太地區權力。

不得不依靠日本天皇的決定才能結束這場戰爭,這樣的政治功能失調已在日本國民的腦海中留下強烈的記憶。

另一方面,我們不能忘記東京審判與GHQ對東京審判的強力播送,更是助長形成對戰前日本的全面否定史觀(又可稱為自虐史觀或東京裁判史觀),並讓自我否定的贖罪意識深深植入日本國民內心。

無論如何,「開戰」與「戰敗」這兩個創傷造成日本國民對政府(政治)根深蒂固的不信任。日本國民認為若不繼續藉由《和平憲法》束縛日本政治的話,根本不曉得政府會做出什麼事情。特別是戰敗後日本人之間懷有「即使日本不出手也能維持國際和平」的消極和平願望。

尤有甚者,由於1960至1980年間驚人的日本經濟發展為日本國民帶來或多或少的信心,進而充實國民的自尊心,在這樣的發展下,主張排除所有軍事議題於政治決策過程之外的「和平國家論」或「通商立國論」,亦或不談國防及針對國際秩序的軍事貢獻的自由主義的風潮,已內化至日本國民的心中。

然而,不必翻閱人類過去的歷史,我們也能知道和平是要靠自己不斷的努力來完成的。若懈怠於自身努力的話,不論怎樣強盛的國家都可能會遭到他國侵略。1990至91年爆發的「波

斯灣戰爭」便能讓我們重新體會國際政治冷峻的現實面。

象徵後冷戰時代序幕開啟的是區域紛爭。面對區域紛爭，日本的對應確實是「即使不出手也應該能保持和平」，也反映戰後日本的安全保障觀。當時的日本首相海部俊樹甚至做出禁止身著制服的自衛官進出首相官邸等滑稽判斷。

結果，日本只要能獨善其身，就對伊拉克明目張膽侵略科威特的暴行舉止視而不見。而戰後日本經濟成長過程中，自豪得意主張的「和平憲法」理想，也被國際社會指責是自私的「一國和平主義」。

透過增稅等方式，日本為波斯灣戰爭捐出多達130億美元（以當時的匯率換算的話是1兆7000億日元），為波斯灣多國聯軍提供巨額的資金援助。但日本仍被揶揄為「自動提款機」，就是因為沒有付出實際的行動（軍事合作）。這給當時日本國民帶來震驚，特別是帶給戰後席捲日本輿論的先進知識分子難以估計的挫折感。

「和平主義的理想難道只是個空想而已？」──這樣的懷疑已經很快地滲透至日本國民之間。相對逆勢而起的，是「外交的現實主義」。

我在留學時期寫的短篇文章──〈被要求成為「正常國

家」的政治慎慮──成功「開啟安全保障」的關鍵〉（獲得第
三回讀賣論壇新人獎，並被《安全保障的起源》（安全保障の
ビッグバン）所收錄）的某一段，論述波斯灣戰爭對日本外交
及安全保障政策的意義。雖然有點長，容許我引用上述段落：

　　日本於90年代突然採用過去保守份子之間堅定信守
的積極防衛策略。會產生如此變化的背景是：70至80年
代期間，日本持續增強的經濟實力使得日本獲得能夠滿
足國民自尊心的國際地位並非是不可能的事。日本一方
面述說和平主義的理想，對國際政治的急迫爭執保持距
離；但另一方面隨著日本國際地位的提高，便很難置身
事外。因此，波斯灣戰爭的爆發使日本無法再置身事
外。若檢視日本在波斯灣戰爭的作為，結果發現日本所
謂的戰後和平主義只是「不弄髒自己的手，藉由金錢購
買他國青年的犧牲以守護和平」的偽善罷了，像這樣的
自我否定想法瀰漫至日本全體人民。對此，有心的政治
領導者感到相當的苦惱。（下略）

　　總而言之，日本在國際社會的存在感越來越小的
危機感，可以說是迫使「現實主義」在外交戰略重新登

場的契機。只追求「自由主義」的和平時代，令人諷刺
的，隨著冷戰的結束而閉幕。（下略）

　　每日面對嚴峻的國際競爭的商業領袖們（例如以牛
尾治朗氏為中心的經濟同友會的安全保障問題調查會的
成員們）於1996年5月，整理出提出盡快容許集體自衛
權行使的提案。這就是外交上的現實主義。

　　國際社會的現實面基本上是一種自我救助。各個國家基本
上不得不用自己國民的力量來確保國家的主權、獨立及繁榮。
因此，藉由「變更世界的崇高理想」來將自己國家的國防委託
給世界，或藉由「各國人民的公正信義」來託付自己國家的生
存，不過是種不負責任的自以為是，自以為超越理想主義的範
圍而身陷於幻想世界罷了。

　　接著，是對現實主義的重新檢視。

英美的現實主義：季辛吉與艾登

　　然而，現實主義認為「國際社會是國家與國家之間權力鬥
爭的場所」，並強烈主張世界是「力量等於權力」的動盪狀態

的觀點，果然還是讓很多人感到不適。「長島淨說一些不符合潮流的話」——像這樣表達不滿的人可能也是不少。

的確在事實上，現在的國際社會中，像國家間的權力政治等事務，是由多元行為者間不可分割的錯綜複雜關係所組成的。

為了實現國際和平，不只需要軍事力及經濟力等硬權力（Hard Power），像幫忙根絕貧窮及犯罪、教育普及、創造就業機會等「人類安全保障」等軟權力（Soft Power）也更是重要。因此並非否定自由主義的思維。

然而現實層面上，距離冷戰結束20年以上的今天，中國依然以硬權力作為其展開外交的工具（這在後面的章節會有更詳細的說明）。美國也沒有放棄以權力作為對抗中國的選擇。北韓與中東和平的棘手問題，或是以色列與伊朗、阿富汗與巴基斯坦、印度與巴基斯坦等紛爭，基本上依然以國家之間的權力來相互對抗。

連當時提倡軟權力的哈佛大學教授奈伊（Joseph Nye）也無法無視硬權力的存在，他巧妙運用硬權力及軟權力的結合，轉而談論新創的「巧權力」（Smart Power）。

對於保留軍事手段為選擇之一，或者強化非軍事的人類安全保障手段，我認為絕對不是二擇一的問題。身為政策手段，

為了達成「積極的和平主義」的國家目標，我思考這兩種手段是否能夠並存（與其說兩者並存，不如說兩者間有效果的結合及乘數效應的產生）。

應該說，從現實主義觀點來看，其要強調的是如何管理這樣的硬權力，或者是如何聰明運用硬權力。因此，現實主義大師摩根索過去確實揭示現實主義最重要的概念，就是「謹慎」（prudence）。

也就是說，前面我所引用的留學時期的短文標題──「政治的慎慮」，對現實主義而言正是最重要的重點所在。因此，國家的政策指導者應該直視硬權力的影響力與決定力，冷靜分析及預測國際關係的動向，並且為了帶來社會和平及穩定的權力平衡，領導者應該確實地深思熟慮。

若過度信任硬權力，隨意擴張軍事力並運用武力來進行威嚇的話，將會挑起周邊國家的不信任感，反而引起對方起身對抗並陷入帶來不穩定的「安全困境」（security dilemma）。一戰前德國的威廉二世及二戰前的日本正是最典型的例子。

關於安全困境，身為19世紀歐洲外交史權威並且是當代首屈一指的地緣政治戰略家──季辛吉（Henry Kissinger），在詳細記載梅特涅（Klemens Metternich）及卡斯爾雷（Robert

Stewart）所主導的「權力平衡」外交的名著——《大外交》
（*Diplomacy*）中的某段，描寫了以權力為背景而形成的國際秩
序的正當性及穩定性。以下便引用此段內容：

> 權力平衡（balance of power）減少武力使用的機會，而
> 共享的價值觀則為降低武力使用的共同意念。在權力平
> 衡之下，即使出現不被視為正當的國際秩序，遲早也會
> 受到批判或要求修正的壓力。判斷國際秩序是否正確的
> 基準，不只是外交行為而已，還包括各國國內的政治體
> 制。也就是說，各國國內政治體制能夠共存的話，便能
> 促進和平。

　　關於權力（軍事力）與外交的平衡，我在美國留學時期
看過很多富有啟示的書，接著就來向大家介紹這些書。我在就
讀約翰霍普金斯大學高級國際研究學院（SAIS）研究所的兩年
期間，所閱讀的原文書多達1萬5000多頁，在這之中，英國首
相艾登（Anthony Eden）的回憶錄三部曲給我留下很強烈的印
象。支援邱吉爾首相並以外交部長的身分勇敢對抗獨裁者希特
勒及史達林的艾登外交哲學，讓我體會到現實主義的實踐面。

　　日本社會可能對艾登這個人物比較不熟悉。我也是在SAIS
的「戰爭與國家指導者」講座（War and Statesman）[11]的教材中
知道這號人物。但若提到艾登勇敢反對張伯倫首相的對德綏靖
政策，並辭任外交部長一職一事的話，某些人可能就會突然想
起這號人物。

　　我從艾登首相身上學到的是，對於外交關係權力（軍事
力）意義的深層洞察。關於這點，慶應義塾大學教授細谷雄一
的著作──《源自外交的和平──安東尼・艾登與二十世紀的
國際政治》中，確實整理了艾登外交哲學的精髓要領，而為了
正確理解現實主義的軍事力及外交努力之間的關係，我想先敘
述此書的精華段落。

　　艾登從1935至1955年的20年間（包括整個二戰期間）擔任
10年左右的英國外交部長（1935年12月至1938年2月、1940年12
月至1945年7月、1951年10月至1955年4月），並扮演著帶領這
動盪不安世界的領導者的角色。特別是1930年代後半的二戰前
奏曲的這個重大局面，艾登促使足夠的力量集結在一起，盡力
以堅決毅然的姿態來向希特勒及墨索里尼談判交涉，最終起身

---

[11] 主辦教授為柯恩（Eliot Cohen）。

反抗張伯倫首相的綏靖政策。我們從艾登身上可以學到的歷史意義，就是代表軍事力的「權力」與外交上的努力並非是互相矛盾的。

> 在足夠的軍事力支撐下，首先能讓外交發揮更大的效果，另外隨著外交路線的變化，軍事戰略也會被其左右。沒有軍事力在背後支撐的外交，容易形成脆弱的和平主義及「綏靖政策」，而且在積弱不振之下也可能反覆走向妥協。另一方面，若沒有充分的思慮外交而行使軍事力的話，可能會剝奪不必要的人命或帶來人道災厄。（細谷《源自外交的和平》）

面對史達林狡猾且高壓迫的無理難題，艾登外交部長在基本原則（基於《大西洋憲章》而攸關戰後秩序的英美共識）上沒有任何讓步，並以力量為後盾反覆進行柔軟的外交交涉。這樣的艾登外交部長正是我外交政治的範本。我身為首相輔佐官一面扶持野田首相，一面貫徹「對領土領海絕不讓步，並首先對日本過去的侵略行為及殖民統治深刻反省，接著維護過去歷代內閣外交努力所留下的成果」的原則，並盡可能讓日本與中

國、俄羅斯及南韓間的外交關係彈性柔軟。

特別是前言所談到的「釣魚台列島國有化」的對中交涉上，我對於釣魚台列島在歷史上或國際法上皆屬日本的固有領土的此一主張絕不向中國讓步，而且在釣魚台列島周邊海域維持海上保安廳及海上自衛隊的最高警戒姿態。除此之外，我也努力藉由釣魚台列島現狀維持政策以儘量減少中國的擔憂。

釣魚台列島位於對中國艦隊進出太平洋的出入口上有重要軍事意義的宮古海峽（沖繩本島與宮古島之間）的西側，其所處位置就像向中國大陸突進一樣。在釣魚台列島12海浬領海及200海浬排他性經濟海域（EEZ）的設定下，中國海軍艦艇的行動是受到制約的。中國潛水艦不能藉由海底潛航通過釣魚台列島領海範圍，且若適用中國自己所主張的不容許在他國EEZ內進行情報收集及演習等軍事活動的規定的話，中國軍用飛機或艦艇的不只不能在釣魚台周邊海域範圍進行活動，其限制範圍也包括整個琉球群島海域。

然而，假設釣魚台列島是歸屬於中國領土的話，反而會讓中國的軍事行動具備正當化，如此一來，日本自衛隊的行動不但會受到制約，日美兩國的軍事演習也無法順利進行，進而為日本的安全保障帶來致命的影響。另外一個不用提也知道的事

實，就是若台灣被中國併吞的話，也會對日本的戰略帶來無法計算的嚴重性。

若能理解這樣的背景的話，應該就能了解釣魚台列島的問題，不單單只是對這個海上孤島的相互爭奪而已。釣魚台列島不僅是日本的固有領土，更是直接保障日本安全保障的戰略要衝。若是忽視這點的話，就會影響到整個地區秩序的根本。

關於釣魚台列島的歸屬，根據最近發掘的1971年6月7日當日白宮對談內容的錄音紀錄，美國明顯表示「美國於1951年的《舊金山和平條約》承認日本在釣魚台列島的主權」（談論者為當時的國家安全顧問季辛吉）。的確，《舊金山條約》第二條明敘日本必須放棄台灣與澎湖諸島，第三條則記載日本的主權範圍達「北緯29度以南」的琉球群島。因此位於北緯25度的釣魚台列島勢必也包含在內，跟其他地區一樣，日本完完整整地從美國手上接管釣魚台列島的管轄權。

這便是《舊金山和平條約》規定下的「戰後秩序」。釣魚台列島問題確實是戰後國際秩序懸而未解的重大問題，美國在這之中也扮演相當關鍵的角色。因此，日本對美國，不僅是繼續《美日安保條約》的適用而已，我們必須促使美國正式承認日本對釣魚台列島的所有權。若忽視這個問題，南海方面的類

似問題也會曖昧不明。那是因為東南亞諸國正在關注美國與日本如何對應釣魚台列島的相關問題。日本應該掛念這些事務，率先扮演維持國際秩序的角色。這是身為現實主義者絕不退讓的底線。

現實主義者等同於新保守主義者？

若我自稱自己為「現實主義者」等的話，可能會招致「這個人不是新保守主義者嗎？」的錯誤誤解。「現實主義者＝權力的信奉者＝主導伊拉克戰爭的新保守主義」，也就是說，在日本有相當多人認為「現實主義者等同於新保守主義者」。

事實上，現今的新保守主義者（Neo-Conservative）雖然完全展露美國國內超級鷹派的形象，但說到底，所謂的新保守主義者，是與社會政策相關的自由主義人士因求延宕左翼理想主義而趨於保守，與傳統的保守主義不同，故加上「新（Neo）」來稱呼新的保守主義。特別是將美國的價值觀及民主主義傳輸至海外各地，或者是竭盡全力向伊斯蘭等非西歐諸國輸出這些價值觀的新保守主義的源頭，也可追回溯至主張輸出革命的托洛斯基主義。

　　重視傳統的價值觀，在外交方面則依循穩健的國際主義宗旨（當時也有孤立主義的傾向）的保守者（Conservative），與謹慎看清國際情勢及權力平衡的現實主義者之間有著似是而非的關係。

　　關於兩者之間的不同，回顧過去分別代表現實主義者及新保守主義者的辯論者於公開場合的正面對決，便能更清楚理解兩者差異。而關鍵字就是「政治慎慮」。

　　為了理解現實主義「力量等於權力」與「政治慎慮」的關係，2003年2月5日（正好是伊拉克戰爭爆發前夜），我當時就職的美國外交關係協會（CFR）所公開的辯論內容可以做為合適的素材來幫助理解。

　　這場辯論由代表新保守主義的一方向代表現實主義的一方進行挑戰，代表美國現實主義者的學者為：芝加哥大學政治系教授米爾斯海默（John Mearsheimer）及哈佛大學肯甘迺迪政治學院教授瓦特（Stephen Walt），代表新保守主義的則是：記者克里斯托爾（William Kristol）及CFR資深研究員布特（Max Boot）。順帶一提的是，克里斯托爾的父親——厄文（Irving Kristol），正是新保守主義開創者的其中一人。

　　於是，辯論正式開始。

在首先的發言，代表現實主義的兩位學者齊聲表示：「為何伊拉克戰爭是必要的？單純對海珊進行封鎖就能足夠應付，若笨拙的引爆戰爭，反而會招致整體中東地區的不穩定，進而傷害對美國的信賴，最後可能會導致美國霸權正當性的崩壞。如此一來，美國就像是再度陷入越南戰爭的泥沼之中一樣。」

總而言之，這兩位學者的論點是：「跟過去一樣，從權力平衡的觀點來看，只要持續進行封鎖伊拉克海珊的政策即可。如此一來，美國便可不用浪費有限的資源來達成目的。」

針對現實主義的兩位代表的發言，新保守主義代表展開強烈的反擊。

「沒有發起行動的話，我們便會重蹈波斯灣戰爭的覆轍（美國解放科威特後中止軍事作戰，結果無法確實除去海珊），而再度失去除去海珊的機會。關於伊拉克與大規模破壞性武器及恐怖主義的關聯，大致上是正確無誤的。因此解放及民主化伊拉克，並促進中東地區的穩定是美國的使命。」

這場辯論最精彩的一幕，是節目尾聲的時候。現實主義派主張維持現狀繼續封鎖海珊的威脅已足夠應付現在的狀況，而被窮追猛打的新保守主義派的克里斯托爾，則竟然向米爾斯海默貼上標籤，表示：「你的發言根本就是左派色彩！」

面對克里斯托爾的抨擊，米爾斯海默則表示「從過去帶現在，我從來沒被稱為「左派」過！」語畢，整個會場哄堂大笑。對會場的與會者而言，「米爾斯海默等同於保守派理論家」根本就已經是常識。連克里斯托爾的隊友──布特，也對克里斯托爾的發言感到愕然與無可奈何。

只要確認大約兩小時的辯論影像，就可明顯看出現實主義派的論點較具說服力。當時擔任司儀的CFR會長戈爾布（Leslie Gelb）[12]在辯論會的最後，向現場的聽眾詢問哪一方表現較好，結果獲勝的是現實主義派。

然而，一個半月後，在政策辯論上被現實主義派擊敗的新保守主義的主張，卻大程度地影響了小布希政權的政治決策，讓小布希政權於3月20日宣布以美英同盟軍的方式投入伊拉克戰爭。

理所當然我們不能否認的是，當時判斷是否開戰的背景喚醒了新保守主義的崛起。在基於「以色列的利益等於美國的利益，所以應該除掉海珊！」的思維下，對整個政官學界所進行的澈底遊說，是導致如此結果產生的原因之一。

---

[12] 現為CFR名譽會長。

　　然而，在這之後的現實又是如何？新保守主義者沒有發現對伊拉克行使武力的依據的大規模破壞性武器，也沒有發現證明海珊與蓋達組織有關係的證據。如此一來，對美國的信賴受到傷害，阿富汗的情況更讓伊拉克戰爭再現過去越戰的窘境。這正是現實主義派主張較為正確的實證。

　　在現今的國際關係中，最重要的，是仔細看清權力平衡的現狀，接著是未來展望及國際上的正當性。所有這些都應在「政治慎慮」下進行判斷。對新保守主義者而言，相較於政治上的慎慮，更優先重視鬱悶的心情與意識形態，因而產生錯誤的判斷。

　　之後各章節所思考的日本外交及安全保障策略，必須冷靜分析中國的崛起並評論美國所展示的抗衡戰略，並且要深思熟慮未來國際關係的權力平衡傾向。

　　這就是我所重視的現實主義觀點。

第二章　中國的崛起與戰略

脫離「韜光養晦」，走向「大國崛起」及「前進海洋」

關於此章節，我打算從現實主義的觀點，冷靜思考崛起並明顯成為日本威脅的中華人民共和國與其戰略。

2013年6月，在3個月前才剛率領新體制的習近平國家主席，於加州安納伯格莊園與歐巴馬總統進行非尋常的8小時首腦會談。當時，中國所提出的關鍵字，是所謂的「新型大國關係」（new type of great power relations）。在這非常含蓄的字眼裡面，帶有中國對自身經濟發展的強烈驕傲及深刻的歷史意涵。

關於中國的驕傲，我想是不需要從頭加以說明。2010年中國GDP規模超越日本，成為世界第二的經濟大國，現在更以7%左右的經濟成長率成為自豪的巨大中國經濟體，並可能在10年內超越美國。

　　在這之中，我想要關注的是中國崛起背後的歷史意涵。也就是說，中國崛起的現象，事實上可能是百年一度的歷史巨大潮流。

　　我認為習近平政權的領導班子強烈意識到世界史上的巨大潮流，意即自近代歐洲（文藝復興及宗教改革時代）以來，大約100年發生一次的霸權交替。

　　美國留學時期，我首次接觸到美國華盛頓大學名譽教授莫德斯基（George Modelski）提倡的「霸權週期理論」，進而重新學習到世界史的閱讀方式，當時的衝擊，至今我仍印象深刻。

　　近代以後，國際秩序上幾乎沒有溫和平順的霸權交替。以新興國對霸權國的挑戰做為開端，過去爆發了席捲全世界的大戰爭。「霸權週期理論」便是以這樣的史實作為基礎的世界觀。

　　16世紀時，最初挑戰葡萄牙霸權的是西班牙，最後西班牙吸收了葡萄牙的霸權勢力。接著從西班牙獨立出來的荷蘭崛起，最終打敗西班牙，制霸整個歐亞大陸。

　　17世紀後半，荷蘭面臨的是來自英國的挑戰，經過三次的英荷戰爭，終於大英帝國成為霸權。18世紀末拿破崙領導下的法國尋求霸權地位並挑戰英國，並於滑鐵盧戰役（1815年）後

敗去。

　　一邊主導工業革命一面維持霸權地位的英國在19世紀至20世紀初面臨德國威廉二世的挑戰，更於2次世界大戰後筋疲力盡。取代英國的是美國的崛起，完成的霸權的交替。雖然20世紀後半美國面臨蘇聯的強大挑戰，但最後美國仍是凌駕蘇聯。

　　進入21世紀後接續而來的，可以說是中國的崛起與對美國霸權所形成的威脅。事實上，在2007年10月的中國共產黨第十七屆全國代表大會上，當時的胡錦濤主席表示中國將推動國際秩序朝著更加公正合理的方向發展，明確展現中國未來的姿態，不僅限於維持現行國際秩序而已。

　　習近平政權想像的「新型大國關係」究竟是什麼？2012年12月5日的中國共產黨黨報《人民日報》的專欄簡潔有力地描繪習近平政權所謂的「新型大國關係」。

　　根據《人民日報》的專欄，「新型大國關係」的建構，是「創造一種新局面，脫離過去歷史上大國對勢力範圍的競爭，或者對外進行武力擴張等老舊模式，超越新興大國與既存大國一定會產生衝突與對抗的舊觀念，藉由大國間的對話與協力合作超越彼此間的猜疑與競爭，並藉由共同利益化解彼此間的摩擦與分歧。」

　　也就是說，中國企圖追求的，是建構迴避霸權戰爭，並使「對等」霸權國之間共存共榮的一種新式模型。

　　因此，在安納伯格莊園的美中首腦會談上，習近平主席道破「太平洋有足夠空間容納中美兩個大國」的背後意涵是深刻的。習近平當時想的一定是中國那句古老諺語：「一山不容二虎」。

　　中國的崛起終於引起世界的注目是大約在2006年左右，中國內部也出現「大國論」的風潮。討論中國崛起浪潮的契機，在於中國官方電視局──中國中央電視台（CCTV）開始播放《大國崛起》的紀錄片。紀錄片的內容如名稱所示，是談論關於大國的崛起的紀錄片。

　　此紀錄片一共12回，用敘述及影像化的方式介紹美、英、日本等世界9國的「大國化」過程。相較於過去的歷史紀錄，「大國崛起」紀錄片被評價為更為客觀，因此也在中國境內成為話題。

　　日本媒體完全無法取得《大國崛起》紀錄片的撥放權，但讓我留意的，是2007年3月6日出版的《經濟學家周刊》（週刊エコノミスト）所刊載的前獨協大學教授辻康吾的專欄──〈中國的歷史觀正產生激烈變化〉。

根據此專欄，《大國崛起》紀錄片各回的題目為：

（1）海洋時代：開篇與葡萄牙、西班牙

（2）小國大業：荷蘭

（3）走向現代：英國

（4）工業先聲：英國

（5）激情歲月：法國

（6）帝國春秋：德國

（7）百年維新：日本

（8）尋道圖強：沙俄

（9）風雲新途：蘇聯

（10）新國新夢：美國

（11）危局新政：美國

（12）大道行思：結篇

的確，紀錄片所呈現的內容，果然是剛才大致敘述的近代霸權交替的過程。

在第七回的日本百年維新中，並沒有南京大屠殺的相關影片或敘述，而是介紹明治時期大久保利通及伊藤博文的政治決斷力，及涉澤榮一的企業家精神。另外也有介紹日本的新幹線，給予「戰後日本」極高的評價。

　　從辻教授介紹中，令人感到衝擊的是《大國崛起》長達10小時的12章節之中，完全沒有出現毛澤東的姓名。馬克思方面也是，該紀錄僅引用馬克思身為學者的言語而已。相反的，美國初代總統華盛頓的姓名出現了21次，明治時期日本的實業家涉澤榮一的姓名也出現了18次。因此，辻教授以「不論是馬克思或毛澤東，都跟之後中國的大國化沒有關係」作為總結。

　　在這波「大國論」的風潮中，《中國青年報》登載的民調顯示，49%的人認為「中國正在崛起」，47%的人則認為「中國尚未崛起」。認為「中國的本質還是很脆弱」的聲音也逐漸增多。關於中國的崛起，可見連中國人本身也是相當慎重的看待。

　　然而，《大國崛起》的續章則擺脫過去的猶豫，帶有不可一世的驕傲感。這個新的紀錄片是《大國崛起》原團隊於2011年末所放映的8章節紀錄片──《走向海洋》。帶著朝海洋前進的意味，《走向海洋》宣稱其是「中國首次的大型海洋紀錄片」。

　　2012年6月12日出刊的《經濟學家周刊》，刊載駐台記者本田善彥的文章──〈朝向海洋大國的中國，不會對領土主權讓步〉。根據這篇文章，《走向海洋》明確表明，「中華海洋

文化的發揚及傳承，高漲全中華民族的海洋意識」是此紀錄片的宣傳目的，並且隨處都可以看到像：「如歷史所示，沒有海洋戰略意識的民族是沒有希望的民族」、「海洋造成中國的衰弱，也會造成中國的再興。伴隨航母的首次試航，中國海洋強國的建構不再是夢想」、「（海）藍色是中國民族的顏色，海洋是中華民族的未來」等的刺激性詞語。

這樣的氛圍加上2012年誕生的習近平新體制所提倡的中國夢（中華的夢），中國的新指導班子終於將鄧小平（1904～1997）所謂「韜光養晦」（隱藏能力而培育實力）的遺訓拋諸在後，完全顯示中國強盛的國力，以大國之尊走向「大國崛起」。尤有甚者，也可以感受到中國為求擴大其海洋勢力，而踏出「走向海洋」的姿態。至少，就中國的一般大眾而言，這樣的自信是逐漸高漲中。

在第三章，我欲談論以「韜光養晦」為宗旨的中國指導班子與人民高漲中的驕傲感之間的複雜錯綜關係，所以在這裡我想先從中國的意圖與能力的觀點出發，詳細分析崛起並向海外施展國力的中國動向。

斯皮克曼的預言

美國的地緣政治學者斯皮克曼（Nicholas Spykman, 1893～1943）的著作——《世界政治中的美國戰略：美國與權力平衡》（*America's Strategy in World Politics: the United States and the Balance of Power*）對我而言，是奠定我的其中一本書。這本於1942年二戰期間所著作的書，為美國的戰後外交帶來很大的影響。於兩次世界大戰戰到最後，進而陷入反動羅門主義（孤立主義）的美國最終沒有輸給誘惑，持續介入國際相關事務，可說斯皮克曼帶有很大的功勞。

關於地緣政治學，除了現實主義之外，地緣政治學（geopolitics）可說是我國際關係上的另一重要元素。而我的恩師——布里辛斯基則將地緣政治學稱為「地緣政治戰略」（geo-strategy）。國際關係由各種元素所建構組成，在這之中，地理是不變的要因。不論哪個國家，若選擇忽視地理這個要因，便無法練就實際的外交政策。

我初次聽到地緣政治學是在大學時期。至今我仍無法忘懷《諸君！》這本雜誌所刊載的——清水幾太郎：〈日本啊～是

個國家嗎：核武的選擇〉（1980年7月號）所帶來的衝擊。之後我雖然一直尋找地緣政治學相關書籍來看，但直到1984年永井陽之助（當時為東京工業大學教授）與岡崎久彥（當時為外務省調查企劃部部長）展開「現實主義論爭」的一段談話，我從終於明確理解地緣政治學的意涵。

> 我不會說該如何看待北方來的威脅，我的想法是，若美蘇之間開戰的話，日本無論如何都無法置身事外。這個跟《美日安保條約》的簽訂，或者三大海峽的阻隔都沒有任何關係。只是因為日本本身的戰略環境，勢必讓日本捲入美蘇兩國之間的戰爭。二次大戰期間，瑞士與瑞典可以保持中立，丹麥、比利時、挪威及芬蘭都無法保持中立。中立與否，跟比利時或丹麥國民是否打從心裡不希望和平，或者是否懈於澈底執行和平外交等，完全沒有任何關係。（《中央公論》1984年7月號）

我相信，歷史上嚴峻的地理因素與現實政治累積重疊而精煉而成的地緣政治學，正是促使我們為了國家的生存與繁榮，制定一絲不苟的外交及安全保障戰略的最佳座標軸。

回到適才斯皮克曼的談話，他在《世界政治中的美國戰略：美國與權力平衡》這本書中表示：「如果「新世界」的美國不介入「舊世界」（歐亞非大陸），將會無法穩定權力平衡，若這時「舊世界」受一兩個特定國家所支配的話，我們便會陷入被「舊世界」侵略的危機而毫無辦法。」

假如歐亞非大陸出現影響力極大的國家，支撐美國生存及繁榮的海上交通線（SLOCs）將會受到威脅。也就是說美國的海洋安全一旦受到威脅，便會損害美國的國家利益。面對這個困境，斯皮克曼的解決途徑則相當簡潔明快。

「與歐亞非大陸邊緣地帶諸國共同抑止中心國家勢力的擴大，才是美國外交應該行駛的道路。」

從這個觀點來看，斯皮克曼斷言儘管相隔太平洋兩邊的美日正在激烈衝突中，美國應該與身屬邊緣地帶強力軍國的日本結盟（加上英國）。斯皮克曼的言論引起美國國內強烈的反彈，但認為美國應與昔日敵國——日本結盟的主張，事後證明是個令人驚豔而慧眼獨具的判斷。此正是地緣政治學的功勞。

對於東亞的未來，斯皮克曼地緣政治學的結論集結於下一段句子。

現代化、強勢、軍備強化的中國在「亞洲地中海」（台
灣、新加坡、澳洲北部約克島之間的三角海域）上，不
僅對日本，也對西方國家的地位帶來威脅……這片海域
不只有美、英、日的海洋權力，也可能受到中國的空中
權力所控制。

　　1942年斯皮克曼寫下這本書，當時的中國在抗日戰爭越來
越激烈化的同時，河南省等地方也發生悲慘的大飢荒，造成
300萬人餓死，是個可以確實用「飢餓」來描繪的時代。對於
這樣的中國，認為「必須阻止中國未來的強大」而在70年前寫
下給美國外交指導者的斯皮克曼地緣政治學，其對未來發展的
預見性令人感到驚豔。

　　中國人民解放軍最高幹部於2007年5月的發言，證實了斯
皮克曼的「預言」。當時的美國太平洋司令官基廷（Timothy J.
Keating）於2008年3月美國參議院軍事委員會的公聽會上清楚
地證實此事。根據基廷的發言，其於2007年與中國海軍司令員
吳勝利的會談中，中國海軍幹部的其中一人以未來複數中國航
空母艦的發展為前提，表示：「美國支配夏威夷以東，中國則
支配夏威夷以西及印度洋。如此一來，美國便沒有將勢力範圍

延伸至西太平洋及印度洋。我們也不用介入東太平洋。我們這邊有什麼事情發生會知會你們一聲，你們那邊有什麼事情發生也要讓我們知道。」

其實身為友人的前美國國家安全保障會議（National Security Council）亞洲高級部長格林（Michael Green）也提過大同小異的發言。時間是格林還身為CFR研究員的2001年，當時他從中國政府關係者直接聽到類似的發言。雖然當時我們並沒有把這件事放在心上，但是不能忽視中國在那麼早之前就不避諱透露出他們的野心，不能將此當成笑話而一笑置之。

論及西太平洋及印度洋的中國海軍充滿自信的發言，與其說是單純氛圍下的發言，毋寧說是早就於幾十年前就規劃好，進而循序漸進的基本計畫。接著要談論的，便是明確解析中國的軍事強國戰略。

劉華清的「海洋強國」戰略

關於建立「海洋強國」的中國軍事戰略，是由身為鄧小平的右手，被稱為「中國海軍之父」或「中國馬漢」的劉華清（1916～2011）所制定的。劉華清擔任中國海軍最高階職務

──中國人民解放軍海軍司令員的同時，也身兼中國共產黨中央政治局常務委員、中國共產黨中央軍事委員會副主席、中華人民共和國中央軍事委員會副主席，這樣的軍人在中國是罕見的。順帶一提，馬漢的全名是阿爾弗雷德馬漢（Alfred Mahan, 1840～1914），是一名美國的海軍上校。馬漢以大英帝國的興隆作為示範，談論近代工業國家的海外市場，及為保護國家與商船隊的海軍實力的重要性，並以著名的《海權對歷史的影響：1660-1783》（*The Influence of Sea Power Upon History*）成為美國具代表性的戰略家。

劉華清於1982年制定的長期「海洋強國」戰略的正式名稱為「近海防禦戰略」。此名稱暗示其為保衛自我國家的專守防衛政策，恰如穩固中國周邊海域的防禦型戰略。但實際上，「近海防禦戰略」卻是攻擊型戰略。

實際上，「近海防禦戰略」於1985年修改為「近海積極防禦策略」，一改過去以200海浬以內的海域為「近海」的中國海軍概念，擴大「近海」範圍至「黃海、東海、南海、南沙群島及台灣、沖繩列島以外海域及北太平洋海域」（《劉華清回憶錄》）

劉華清更表示：「今後在相對性的長時間內，海軍的作

戰海域會主要在於第一島鏈及該島鏈的沿海海域、第一島鏈內的黃海、東海及南海。（中略）隨著中國的經濟力及科學技術水平不斷向上提升，海軍的實力也逐漸強大，我們的作戰海域也要向北太平洋及第二島鏈慢慢擴大。」接著，便來談論朝向「海洋強國」邁進的中國海軍建設計畫。

首先，中國欲於2000年前提高中國沿岸防衛能力，並於2010年前確立第一島鏈（九州─沖繩─台灣─菲律賓─婆羅洲）內側的制海權。接著是在2020年建立兩艘以上的普通型航空母艦，已確立第二島鏈（小笠原群島─塞班島─提尼安島─關島─帛琉─巴布亞紐幾內亞）內側的制海權。接著於2040年率領兩艘以上的核能航空母艦，取得美國海軍在西太平洋及印度洋的制海權，馬上讓美國知道中國是與美國平起平坐的海軍大國。

也就是說，30年前中國就已經眼望太平洋及印度洋，建構長達60年的大戰略。而且，一定要注意的是，「近海」這個概念本身絕對不是地理上的定義，而是「會隨著戰略情勢發展與海軍戰略能力的提升而逐漸擴大」。

就像是提供證實一樣，當時的中央軍事委員會主席胡錦濤對海軍首腦強調超越「近海」而進行「遠海防衛」的重要性。

胡錦濤這麼表示：「向上提升近海綜合作戰能力的同時，應該逐漸轉換為遠海防禦型海軍，提升遠海機動作戰能力，守護國家領海及海洋權益，並保護逐漸發展的海洋產業、海上運輸及能源資源戰略路線的安全。」（《瞭望》2009年第16期）

「反介入／區域拒止」戰略

　　中國在這三十年來有顯著的經濟成長，國防預算也在過去的二十四年間增加了三十倍。然而，隨著國力的增強，表面上對外宣稱其目的為擴張海外權益以及確保資源，其背景由後文所陳述的理由中可以得知過去十五年中國集中投資在加強海洋戰力的部分。

　　現行中國海軍近代化計畫是二零一五年由陸地上的航空兵力掌握從中國本土領域起一五〇〇公里內（與第一列島鏈外側線重複）海域航空優勢。以及，擁有四十架以上的水上艦艇、附載飛彈的潛水艦。當美國航空母艦接近時可以在那條線內阻止接近，可以說此計畫完全依照劉華清的「海洋強國」戰略去發展。

　　根據中國海空戰力，從近海開始沿著亞洲周邊海域，於兩

條列島線的內側構築防衛線，可以阻止美軍進入防衛線內（反介入）。即使突破了防衛線也無法在範圍內自由的行動（區域拒止）。像這樣中國的軍事戰略也於美國防衛總署的年度報告書『中華人民共和國的軍事力二〇〇九年版』中被提及。「反介入／區域拒止（Anti-Access/Area Denial A2/AD）」能力的增強帶給美國一些警惕。

尤其是裝置巡航飛彈、彈道飛彈的水上艦艇及潛水艇的威脅更是快速地增加。具體來說，裝置超音速巡航飛彈的現代級驅逐艦（Sovremenny class destroyers）、潛水艦發射出的巡航飛彈等等都對日本的海上自衛隊及美國海軍構成實際上的威脅。除了上述武器之外，美軍現在拉緊神經的是中國現正開發命中精度大幅度增高的「航空母艦Killer」─地上發射型對艦彈飛彈（Anti-Ship ballistic Missile, ASBM）。

中國這樣子軍備實力增加到底意味著什麼呢？我們用一九六六年發生的「台灣海峽危機」來說明。

一九九五年六月，美國柯林頓政權接受台灣李登輝總統的非公式訪美，此事件為美中、中台關係惡化的開端。次年，一九九六年三月台灣首次總統直選，希冀再次當選的李登輝加深台灣人民的台獨意識。在當時也取得人民的高度支持。然而，

　　將防止台灣獨立視為第一課題的江澤民政權則是不斷地在台灣海峽舉行飛彈演習，重複地進行武力威嚇企圖施加強烈壓力給台灣民眾。

　　中國強硬的姿態使得擔心台灣海峽發生紛爭的美國總統柯林頓急派兩個空母戰鬥群（航空母艦獨立（independence）機動部隊至橫須賀、航空母艦Nimitz機動部隊至中東）。以航空母艦為首的攻擊型原子力潛水艇、飛彈巡洋艦、驅逐艦等共十六架，再加上航空機約一百五十架的大艦隊所組成越戰以來規模最大的戰力。強硬地牽制住中國的軍力。

　　意識到壓倒性軍事實力的中國也只好收起軍艦屈辱地撤退邊境。

　　此時，中國海軍領悟到兩件事情。第一，本國的近海防禦能力低弱。第二，要打破美軍壓倒性的制海能力必須要構築「非對稱性的」戰力。如此一來可以增進飛彈戰力射程距離及其準確度，加速威脅以航空母艦為首的美國海軍洋上艦艇（非對稱的）潛水艇戰力。

　　雖然這是玩笑話，但有了這次屈辱的經驗，中國海軍內部不斷地探討的「航空母艦VS潛水艇」建艦論爭也可以畫下休止符。也就是說，要達成牽制美軍制海能力這個主要目標的話，

比起需要巨額成本極高技術性的航空母艦，潛水艇比較可以有效率地達成這個目標。因此，中國航空母艦的導入延至二零一零年代。

在這之前，美國一直誇耀具有壓倒性支撐西太平洋海洋力的「制海（sea control）」能力。為了要與美國抗衡，與其阻止美國的派遣船艦進出海域、重新整備排除的海洋拒止（sea denial）能力，不如直接競爭、構築以航空母艦機動部隊為中心的制海能力還比較容易實現目標。

回到正題，從一九九六年的「台灣海峽危機的屈辱」開始，中國海空軍的軍事能力有顯著的增強。一九九五年時還只有數台的潛水艇，這十五年間增加了近四十台潛水艇。而且，防噪性能佳的俄羅斯製Kilo級潛水艦的增加，與日本美國最新頂級的潛水艦相比毫無遜色的潛水艦持續增加。再加上，裝置巡航飛彈的最新型號驅逐艦及巡洋艦也從數台增加至四十台左右。與日本航空戰力相當的第四代戰鬥機也從五十架左右增加至五百架以上。

結果究竟如何呢？

簡單地說，今天倘若發生一九九六年的台灣海峽危機，歐巴馬政權會跟十五多年前的柯林頓政權一樣毫無猶豫地派送航

空母艦機動部隊到這個海域嗎？答案應該是不大可能的。現今
上空有戰鬥機及彈道飛彈、海洋上有巡航飛彈、從海底內部也
有潛水艇攻擊帶來的威脅。

再加上，中國持續擴張現在的軍事裝備實力。中國海空軍
的反介入海域突破第一列島線，若將航空母艦等也投入第二列
島線去做擴張的話，不僅是日本，韓國、台灣、菲律賓也將全
部陷入「區域拒止」，一直爭論的東亞及西太平洋的勢力均衡
也將導致戲劇化的變動。對於美國及其同盟國來說無非是場噩
夢的開始。同時，這也是劉華清在三十年前所闡述的海洋強國
戰略欲追尋的條件。

中國軍事戰略家們所策劃的目標絕對不是在第二列島線外
側與美國海軍強碰，而是第一列島線和第二列島線之間的廣大
海域內確保中國海軍的活動自由，也就是確保這個以東京為頂
點連結關島和台北的三角區域的制海權及制空權，日美的戰略
家取各地區英文開頭第一字，稱此區域為「TGT三角海域」。

這個海域的戰略價值就像冷戰後的蘇聯將鄂霍次克海及巴
倫支海聖視為神聖的區域一樣，中國確保了對美國核子的第二
擊能力。也就是說，在這片海域中安排原子彈潛水艇浮潛，如
果從這片海域發射開發中並號稱射程八千公里的潛水艦發射彈

道飛彈（submarine launched ballistic missile, SLBM），不管美國在哪個區域發射，中國都可以計算出來並擊破。為了達成這個目標，中國在提升飛彈命中準確度的同時，也進行航空兵力前方展開的軍事策略，積極於航空母艦（機動部隊）的建設。尤其，為了躲過美國高度的偵查監視能力，中國海軍在海南島南部三亞區域建設大規模的地下式潛水艦基地。隨著這個地下基地的完成，中國的原子彈潛水艦可以自由地透過水中隧道進出海洋，又可以在不被美國的衛星偵測到畫像的同時，從南海潛航至巴士海峽及經過西太平洋。

對於中國這樣的動作，日本及美國若無法確保可以抵衡中國的接近拒否能力，最終將不只是第一列島線而已，連第二列島線的內側也將成為中國的「內海」。儼然是斯皮克曼七十年前所預言的事情一樣。

順帶一提，在這之前大家都認為陸地型國家派遣船艦進出海洋較困難。之前介紹過的馬漢也在其著作《海上權力史論》中舉出荷蘭及法國的例子，指出陸地型國家的侷限之處。

中國也一樣地，其邊境與俄羅斯、越南、緬甸等十四個國家連結。中國於一九六二年十一月侵占印度，進行了相當激烈的戰爭。一九六九年三月與俄羅斯爭奪珍寶島的領有權，從大

規模地軍事衝突差點發展到中蘇全面戰爭。一九七九年掃蕩號稱「懲罰性」的波布勢力，進行對越南的軍事侵略。像這樣懷抱著多種國境紛爭問題，當然難以進出海洋勢力。

但，二〇〇四年十月締結中俄國境協定，僅留下不丹王國及印度的邊境問題。兩千年中期，中國已與近鄰的諸國家協定完邊境問題，可以不用懷抱邊境線的問題放心地朝著海洋型國家的方向整頓出發。

身為陸地型國家又朝向海洋型國家出發的中國，超越馬漢所預言的事實，快速地成長當中。旺盛的國力全部發展在海洋軍事上面，東邊擴張至西太平洋，南邊擴張至印度洋。

南海、東海所標榜的「不戰而勝」戰略

首先，回顧西太平洋海域內中國頻繁地派遣船艦進出海洋的歷史。這必須追溯到越戰後的一九七零年代。可以得知這其中有一定規則的軍事策略。中國並不是毫無計畫地進行領土擴張。特別是戰略部分依照鄧小平的「韜光養晦」戒律，填補當超級強國撤退時產生的「權力空白（power vacuum）」。在戰術階段達到不錯失好機會強硬地進行島嶼的軍事侵略及強化有

效控制（effective control）。

一九七三年越戰完全地結束，美軍撤退。隔年中國不錯失良機，侵略南越的同時也派軍艦進出南海也佔領了西沙諸島。代替原本的美軍，一九七九年蘇聯軍開始占領越南的金蘭灣（Camranh）。此時，中國雖暫時停止動作，但一九八七年等到蘇聯海軍撤退時，中國開始進駐南沙諸島。隔年與越軍在海上造成衝突。

一九九一年至九二年間的菲律賓，當美軍全面撤退蘇比克灣海軍基地（Subic Bay Naval Base）、克拉克空軍基地（Clark Air Base）時，同年，中國立即公布「領海法」；一九四七年蔣介石率領的中華民國宣示「九段線」，依據此法令中華民國領土包含釣魚台及台灣為首的區域及半個南海區域。九段線指的是當時受中國統治時的中華民國政府領域，以九條線做為區域區分。一九九五年的美菲聯合軍事演習中止，美菲同盟陷入決定性的空洞化。中國軍隊立即對距離菲律賓數里的美濟礁（Mischief Reef）進行軍事占領。

一九九六年爆發了之前提過的台灣海峽危機。當時中國不得不屈服於美軍壓倒性的軍事實力，現在卻讓中國有機會將舞台移至東海進行以海洋調查為主的活動。

但，令人吃驚的是當時的日本政府並未對中國這樣的舉動做出防備的動作。一九九二年中國領海法公佈之際，當中國把日本固有領域的釣魚台島嶼標示為中國領土時也是只停留在事務階段抗議程度，日本政府完全未提及召回大使及政治階段的抗衡手段。

接下來到了一九九零年代後期中國的海洋調查船已積極地於東海及日中中間線的日本側海域活動，日本政府當初也是抱持當作不知道的態度讓中國自由地派海洋調查船蒐集情報。

這樣的日本政府於兩千年首次發現中國海軍的情報蒐集船通過對馬海峽、津輕海峽，抵達本州沿著太平洋南下，於犬吠埼進行情報收集活動。日本政府對於中國海軍的情報蒐集船環繞日本一周受到衝擊，於次年二○○一年二月簽定日中海域調查「事前通報制度」。

但是，頑強的中國總是鑽這個制度的漏洞。於當年的七月和十一月開始，兩千年中期為止，不斷地派中國海軍的海洋調查船從種子島至硫磺島間的廣大西太平洋TGT三角海域展開精密的海洋調查。這片海域的中央有中國主張為岩礁的領域。中國不承認日本EEZ（排他性經濟水域）基線浮出的沖之鳥島。在這邊設立EEZ是根據日本海洋安全保障戰略的基幹策略，而

那霸與關島中間的島嶼位置，其戰略的重要性亦將大幅提高。

中國軍方堅持此次海洋調查按照事前通報制度，並主張此次調查為國際聯盟海洋法條約也承認的「科學性調查」。很明顯地，此次目的在於中國海軍搜集軍事情報。尤其最引研究學者注目的是，沖繩本島及宮古島間擁有南西諸島最大領域宮古海峽的海底調查。這個海峽為分離台灣和菲律賓，與巴士海峽一樣是中國進出太平洋的重要路徑。現在可以明確知道上述一連串的海底調查是為了之後中國海軍艦艇進出海洋的預備動作。

根據長年研究此領域的前杏林大學平松茂雄教授的說明，透過這些海洋調查，中國軍方已蒐集到日本周邊海域海中、海底的潮流、水溫、鹽分、水深、海上氣候等的資料。前杏林大學平松教授直言「此次調查活動的目的是假設中國攻擊台灣時，軍事行動中潛水鑑及機雷設置方式的活動」。

二○○四年十一月發生的事件可以證明此論點。中國的原子力潛水艦被海上自衛隊緊緊追著時也不停止動作，潛航至先島諸島的領海，又以潛行的狀態通過東海較淺的海域。其中為了躲過海上自衛隊的追擊，中國潛水艦採Z字型航行。雖然日本發佈第一個海上警備行動，但為時已晚。中國原子力潛水艇

已在日本領域內逃脫，悠然地回去自己的領域。

　　再加上，二〇〇六年十月爆發中國「宋級」潛水艇接近美國航空母艦小鷹號（USS Kitty Hawk）的魚雷射程內並浮出海面事件。可以說是非常明顯的示威舉動。這一些事件說明了中國海軍的潛水艦部隊有高度操舵技術的同時也昭告天下中國已大致收集完成日本周邊海域的海底地形及水質等潛水艦航行必須的資料。這讓日本美國的海軍關係相關專家倍感衝擊。

　　兩千年代中期，中國趁美國於亞太平洋地域的存在感明顯降低時期，在南海及東海區域大動作的施加壓力擴大其權益。美國從二〇〇一年九月開始忙著與恐怖主義對戰，這個時期正是美國的注意力被中東奪去的時期。這裡也埋藏了「力的空白」。

　　實際上，這十年間駐亞太平洋地域美軍的前方展開兵力從十萬人減至七萬人左右。超過一半的兵力被派到阿富汗及伊拉克，歐巴馬政權下的兵力已漸漸地撤退該區域，但以沖繩為中心的西太平洋海域其兵力尚未派遣回來。

　　自從二〇〇八年十一月，中國首次四艘艦艇通過宮古海峽後，中國海軍艦艇進出太平洋的頻率越來越高。其行動範圍也一年一年的擴大。但，礙於公海上的軍事演習・訓練及情報

收集活動是不違法的動作,所以不能妨礙或阻止中國艦艇的活動。只能夠持續的投以警戒監視的目光。

不僅如此,二零一二年四月,中國艦艇不航行經常航行的宮古海峽路徑,而首次通過大隅海峽。同年十月首次北進與那國島及西表島附近海域,其活動範圍相當多樣化。再加上,二零一三年一月發生在東海的中國射擊管制雷射燈照向海上自護衛艦及艦載直升機這種前所未聞的暴行事件等等,中國海軍時常發生讓人質疑文民統治性的事件。最近中國也投入爆擊機及無人機的生產,逐漸發展成為中國式頑強的軍事行為。

同一時期較顯著的事件為中國政府公船強硬進出南海、東海區域之事。尤其是,二零一二年九月「釣魚台國有化」以後,中國國家海洋局所屬的「海監」及中國農業部漁業局所屬的「漁政」船舶頻繁的侵入釣魚台海域。與中國海軍相同,政府公船也於二〇〇八年十二月開始侵犯領海,於釣魚台領域內長時間停泊、徘徊。因此,日本美國海軍相關人員認為「二〇〇八年」是中國政府擴張海洋實力做下重大決策的一年。關於這部分將在第三章提及。

南海也是從二〇〇八年後期開始,政府公船反覆地航行至此領域,政府態度轉為強硬。二〇〇九年三月海南島沖爆發中

國海軍及其他政府公船對美國海軍音響觀測船「無瑕號（USNS Impeccable T-AGOS-23）」造成妨害事件。美中軍事衝突的危機更加嚴重。

　　二零一零年四月，排水量高達四千五百噸的大型監視船「漁政311」與具有南沙彈丸礁（swallow reef）合法操控權的馬來西亞軍進行十八小時的對峙。二零一一年五月發生「海監」船切斷越南調查船的探查線事件。

　　接下來，二零一二年四月，菲律賓與中國皆主張擁有其領有權的黃岩島（scarborough reef）上，兩國的監視船對峙了約兩個月，最後中國的「海監」船將菲律賓監視船趕出周邊海域。中國實質上擁有了黃岩島的控制權。

　　對於東亞及西太平洋海洋安全保障相當熟悉的美國海軍大學詹姆斯・霍姆斯教授表示，中國的政府公船進行常態性的巡視活動具有「抑制軍事發展的效果外，也藉由反覆強硬地派監視船增加對方戰略性的消耗，在一定壓力下的背景當中掌握外交主導權。」等等的效果。

　　這裡應該注意的是所有事件都是在平常時間點發生。一九八八年與越南爭奪西沙諸島的小規模衝突及最近黃岩島一觸即發的危機狀況都是特定區域內的紛爭。儘管美國介入，但領域

內的紛爭並未導致軍事行為發生。這正是遵循「孫子兵法」，不戰卻可以擴大勢力圈的中國縝密思想。我們有必要仔細研究不僅是軍事方面，非軍事方面要素也加進去的中國綜合戰略本質。

關於這點，台灣二〇〇九年度的《國防白皮書》中有下一段的記述。同樣有涉及到孫子兵法的思想，可以說是豐富又精銳的分析：

（中國的軍事戰略）平常及戰爭時期的兵力分配同一化，把超越平常活動領域外的例外行動視為正常化・常態化。企圖麻痺對方的警戒意識及讓國際社會默認及接受。

一直到現在釣魚台周邊海域也是有中國的海洋監視船及潛水艇徘徊。但，日本的報紙、電視已沒有大篇幅報導。日本政府將釣魚台列嶼「國有化」後約一年時間，日本說不定已經陷入中國的計謀當中呈現麻痺狀態。

接下來趕緊地來看對於中國海洋戰略相當重要的南北海域印度洋及北極海的情勢。

克服「麻六甲困境」的重要課題

印度洋是被亞洲、澳洲、非洲及南極包圍的廣大海域。其沿岸地方，西側索馬利亞海盜猖獗、西北沿岸有開發核子武器疑慮的伊朗、東北沿岸是恐怖攻擊頻發的巴基斯坦、東邊有海上交通線麻六甲海峽這條重要航路。所謂的「Choke point」，指的是戰略角度上重要的水上航路。

麻六甲海峽是中國自古以來進口石油的路道，約百分之八十的原油皆由郵輪通過這邊進口。

最令中國煩惱的就是「麻六甲困境」。儘管中國擁有南海的制海、制空權，若無法掌握麻六甲海峽的權力，支撐中國經濟的物流實力將會逐漸流失。為了克服麻六甲困境，中國對臨印度洋的周邊諸國進行軍事協力及提供許多的援助，最重要的是中國投入大筆資金建設港灣設施。

中國下了許多精力在瓜達爾（gwadar）港整備計畫。投資建設經費中約百分之八十相當於一億九千八百萬美金，於二〇〇二年開始動工。二〇〇七年當獲得營運權的新加破撤退時，二零一三年二月巴基斯坦政府正式將營運權轉讓給中國企

業。今後瓜達爾港的挖泥作業也將派出二十萬噸級的油輪，同時也聽說將派出飛彈驅逐艦及護衛艦艇三架前往協助。由此可知，對於中國來說其戰略的有用性極高。由一百零三頁的圖六可以得知，若確保瓜達爾港到巴基斯坦的縱斷輸送道路將可直接連結中國西部區域。

ASEAN諸國中唯一臨印度洋的緬甸也對於皎漂港（kyaukpyu port）的整備投入相當大的心力。是一個從皎漂港到中國雲南省昆明透過石油運輸管線直接運送石油及天然氣的計畫。石油運輸管線建設是由中國企業約百分之六十出資建設。從中東運輸的石油及當地生產天然氣的航站港皆備受期待。

再加上，印度東方的孟加拉持續地支援吉大港（Chittagogng）港口的整備。儘管二〇〇四年開始進行工程的進度狀況還不清楚，中國企業還是接受總工費六千萬美金，碼頭長度約一千公尺的巨大港灣設施貨櫃基地建設這個訂單。

到這邊為止，避開麻六甲困境，雖然石油及天然氣經由陸地運輸往中國的港灣設施已確定名義，但中國企業還是開始整備浮現在印度半島東南方斯里蘭卡的漢班托（Hambantota）港。這舉動可不是商業目的一個說法可以解釋的。若漢班托特港整頓完成的話，碼頭長度將變為六百公尺，水深十七公尺。

航空母艦可以被用於此港口，因此備受世界海軍相關人員的注目。

這被稱為中國的「珍珠鍊」戰略（string of pearls strategy）。

綜合中國媒體的報導可以整理以下幾點長期性目的出來。

（1）平時的燃料・物資補給據點

（2）艦船及固定翼偵察機的出發及到達據點

（3）透過建設大型艦船的武器裝備修理中心，今後的十年內可以確保北印度洋補給線、西印度洋補給線、中南印度洋補給線的三個遠洋戰略據點。

「珍珠鍊」戰略也有在泰國的克拉地峽（kra lsthmus）建造運河的構想。假設建造完成的話，印度洋及南海可以完全連結。在巴拿馬運河、蘇伊士運河之後成為更新世界地圖紀錄的偉大計畫。但，美國及新加坡、環保團體等極力反對這個計畫。是否他們會影響到中國的計畫呢？這邊畫下疑問句。不過，這確實是一個可以克服麻六甲困境這個中國戰略性的弱點的構想。絕對不是一個單純的空想計畫。

印度的「鑽石鍊」戰略
（neckalace of diamonds strategy）

印度對於中國的「珍珠鍊」戰略抱有極大的警備心。但，比起印度洋的主導權被中國奪去這件事情上，中國持續接近西邊的巴基斯坦、東邊的孟加拉，緬甸，然後南邊的斯里蘭卡，透過把印度包圍的動作觸角伸及南亞諸國的這件事情上更讓人憂心。

二零一二年一月，前印度外臣曼辛（Lalit Mansingh）於美國華盛頓的演講中明確提出「鑽石鍊」戰略。與他有著多年交情的印度軍事專家充滿自信地說這個戰略的命名意味著「鑽石比珍珠還要堅硬」的意思。

「鑽石鍊」戰略是指和非洲東部及東南亞諸國加強合作意識。印度與越南、緬甸、加拿大及日本等區域內的戰略性夥伴，強化其兩國間的防衛合作計畫。除此之外還有孟加拉灣南方浮出的安達曼─尼科巴群島（Andaman and Nicobar Islands）海軍航空基地，及東邊又新建設海軍航空基地並開始運作。二零一二年底，印度海軍參謀長明確指出「為了守護南海航行的自

由，必要的話會派遣艦隊過來」。

在這之前，印度政府對外發言都採取非常謹慎的態度，因此這次發言算是印度高官少見的一次。我也在首相輔佐官時代，參加野田總理及曼莫漢・辛格（Manmohan Singh）首相的首腦會談。當時，曼莫漢・辛格首相積極地採取加強日印間海上防衛協力的動作。我深刻感覺到世代的變化也認為印度政府的危機感逐漸加深。

最後，來探討北極海部分。

二零一二年一月瑞典的斯德哥爾摩國際和平研究所（SIPRI）發表名為『中國的北極海野望（China's Arctic Aspirations）』的報告書。這份報告書指出，中國正虎視眈眈的覬覦北極圈的資源及礦物資源。倘若「北極海航路如果照計畫進行的話，中國就可以從北韓租借而來的羅津港視為自己的港口」，屆時「中國學者認為北極海航路會為豆滿江流域帶來極大的利益」。

中國對地球暖化造成的冰融解問題而備受注目的北極海航路，及猜測擁有豐富資源的北極圈抱有高度的關心。二〇〇三年，於挪威的斯瓦爾巴特（svalbard）設置觀測所「黃河」。冰島也因為要調查北極狀況設置了觀測所，這點中國與冰島有相同的想法。而，俄羅斯則是同意運輸往中國的北極產原油及俄

羅斯產鐵礦石、天然瓦斯使用北極海航路。

正如同印度洋的珍珠鍊戰略使得印度開啟警備狀態，對北極海航路表示關心的中國，俄羅斯也開始警備狀態。經由羅津港到北極海的船艦都必須從日本海至鄂霍茲克海出去。而其間遇到的阻礙物正是日本固有領土北方四島。

這正是所謂的地政學。二〇〇六年八月，俄羅斯政府發表至二零一五年將投入一七九億盧布的「千島列島開發計畫」並開始著手北方領土大規模的交通設備整頓動作。二零一一年五月，馬卡羅夫軍隊參謀總長發表一樣到二零一五年的北方領土軍備近代化，同年十月派出對空飛彈部隊及戰車至包含北方領土的千島列島。這期間，梅德韋傑夫總統為首的閣僚接二連三地進行訪問，可見對北方領土有著異常的執著。

一連串事件的發生，可視為對日本挑釁的舉動。就我來看，覬覦北極海的中國傳遞出的地政戰略訊息意味較高。倘若如此，北方四島將不再是單單的領土問題，而是超過次元問題，結合複雜難解決的地政學因素。

中國終極的戰略目標究竟為何？

由前述可得知，中國有著壓倒性經濟力的背景，積極進行軍事行動。其領域的影響力及具體的行動不僅在東海及南海等西太平洋，也擴張至印度洋及北極海。

中國絕對不像在鐵血宰相俾斯麥（Otto von Bismarck）去逝後，皇帝制的德國向大英帝國挑戰，並以新興大國之姿向霸權國美國挑釁起正面衝突的缺乏周全思考國家。

中國的戰略是以孫子所說的「不戰而勝」做為基礎。實際上，一直到最近中國外交的基本方針可以簡約用二十四字說明。

「二四字戰略」指的是「冷靜觀察、站穩腳跟、沉著應付、韜光養晦、絕不當頭、有所作為」。意思是說，「冷靜地觀察、鞏固我方立場、冷靜地應對事情、隱藏我方實力等待善機、壓低姿態，絕不做出要求領導地位的事情」。

這就是有名的鄧小平的遺訓「韜光養晦」的典故。根據鄧小平的戰略，中國應該謹慎地迴避與強國（尤其是美國）的正面衝突，走向冷靜地追求國家利益的路線。中國遇到的問題是在強大國力下，如何經營與美國間的關係，調整對中國有利的

戰略環境，最終可以擺脫互相對抗的心境勁而創造出「不戰而勝」的形勢。

為了創造這樣的形勢，中國採取了哪些手段呢？

第一，為了調整對自我國家有利的戰略環境，持續地擴充國力，企圖慢慢地運用力的空白擴大其影響圈。有時候為了確認我國和他國間的國力關係，中國會強硬地（coercion）表現自己的主張。

第二，第二，「和平的發展」的目的，讓美國為首及其他周邊國家對中國實施宥和政策。例如:與日本及菲律賓所爭論的領土問題暫緩處理。與ASEAN諸國的海洋協議延緩舉行，像是泰國、寮國、柬埔寨這樣對中國積極的進行宥和政策。

第三，第三，慢慢地使東亞‧西太平洋地區與美國分割，最終美國只握有地域霸權。

尤其是第三點是我在美國作為研究學者七年多，其後作為國會議員十年多所體悟出來的短見。

工作關係上，中國的研究學者及軍方關係人員的智囊團們經常前來拜訪。特別是關於討論政權問題的次數激增。他們口徑一致地說道「日本也差不多離開美國自己掌握政權了！總不

能一天到晚都依靠美國吧！美國真的是可以信賴的夥伴嗎？同樣身為東洋國家的我們一起合力發展亞洲政權吧！」。

中國的智囊團們四處發表這類言論。聽了這番言論，倘若我們輕易地改變策略「日中開始協調合作，與美國保持距離」的話，不就正中他們的詭計嗎？反而成了實現中國傳統戰略「不戰而勝」的助力。

其實，這也可以說是地政戰略。經歷第二次世界大戰的德國與冷戰期間蘇聯一樣，與美國切割歐洲大陸。現在的中國也是在東亞‧西太平洋地域與霸權國美國分割。

我們正在思考對於中國這種長期計畫的地政戰略，應該如何有效地處理其外交及安全保障戰略。

中國如何克服國內越來越複雜的課題，以及如何實現長期性的國家目標？

另一方面，美國如何阻止中國增強的國力以及如何對應現況

下個章節詳細介紹交戰時期「美中」的現況。

第三章　美中衝突

中國的權力結構

前一章，分析探討了中國基於長期戰略考量，採取慎重忍耐態度，卻仍持續不斷擴張影響力、建構對其有利之戰略環境的能力與意圖。本章，將進一步分析中國的權力結構，同時說明有利於戰略遂行的其國內該諸多因素。如同昭和初期的軍國日本般，中國的強硬姿態，事實上，反而印證其國內情勢的脆弱。

此外，在瞭解作為阻擋中國挑戰的美國亞太戰略之同時，有必要進一步檢視，美國為遏阻中國攻勢所需之具體安全保障政策，與其國內的政治動向與財政資源間的深刻鴻溝。特別是，近來美國在人口構造、政治意識的急遽變化，二十世紀初期老羅斯福總統在國際政治舞台上積極表現以來，其所堅持的「國際參與政策」，遭澈底翻轉的可能性，以及籠罩在美國重

返「孤立主義」的誘惑，必許對此敲響警鐘。

中國作為擁有世上最大十三億人口的國家，自一九四九年「建國」（中國共產黨定調認為是朝代更迭，非建立新國家）以來，以一黨獨裁型態支配著中國的便是中國共產黨。

依據中華人民共和國憲法前文規定，「中國共產黨為指導中國的政黨」。在中國，除中國共產黨外，雖有號稱為民主諸派的八大政黨，實際上都接受中國共產黨指導，成為由共產黨獨佔政治權力的一黨獨裁體制。

人民解放軍自一九二七年建軍以來的最大原則即，人民解放軍是由中國共產黨所指導「黨的軍隊」。中央軍事委員會，為人民解放軍最高意思決定機關，主席由中國共產黨總書記兼任，其成員與黨中央軍事委員會幾乎相同。因此，現任中央軍事委員會主席即是，習近平總書記（國家主席）。然而，軍事委員會成員中，僅習近平主席非軍人出身，有關作為黨與國家領導人的習主席，如何迴避與職業軍人最高管理階層間，彼此緊張關係等的現實問題，雖然只是隱然於「竹幕」[13]之下的熱烈討論議題，個人也相當頗感興趣。

---

[13] 竹幕（Bamboo curtain），冷戰時期西方國家對亞洲社會主義陣營與資本主義陣營邊界的稱呼，相對於歐洲的鐵幕。

　　從中央到地方的行政機關、企業組織、住民自治會等布滿共產黨組織，不單是政策決定，也介入具體的行政、經濟、社會活動。人事權亦當然由共產黨黨所掌控。

　　如此一來，中國共產黨的意思決定，舉凡政治、外交、經濟、軍事，到地方，全由身兼國家主席的習近平總書記，其個人強行獨斷的取決所有一切嗎？此回答是否定的，中國共產黨為澈底的集體領導制。

　　在中國，每五年一次招開的中國共產黨全國代表大會（中共黨代會），由8510萬黨員選出中央委員會委員及候補委員。在2012年11月8日招開，為期一周的中國共產黨第十八次黨代表大會中，由黨員中選出的2270人黨代表出席，並選出第十八屆的中央委員會委員205人及候補委員171人。

　　11月15日，在中國共產黨第十八屆中央委員會第一次全體會議（中共十八屆一中全會）中，選出中央政治局委員25人，再從其中選出中央政治局常務委員會委員七人。在胡錦濤時代，從九人減為七人的中央政治局常務委員會委員，被稱為「七人小組（China Seven）」，立於中國共產黨中央委員會之上，掌握統治十三億中國人的強大權力。中國政治所有重要事項，均於此七人合議制所在地的中南海裡隱密地決斷。

中央政治局常務委員（左序列順）						
習近平 59 總書記 國家主席 軍委主席	李克強 57 國務院總理	張德江 66 全人代委員長	俞正聲 67 全國政協主席	劉雲山 65 中央書記處書記	王岐山 64 中央規律檢查委書記	張高麗 66 常務副總理

中央政治局委員							
解放軍	黨中央			國家主席・國務院		地方指導者	
范長龍 65 軍委副主席	栗戰書 62 中央辦公廳主任	劉奇葆 59 中央宣傳部長	孟建柱 65 中央政法委書記	李源潮 62 國家副主席	劉延東 67 總副理	郭金龍 65 北京市書記	孫春蘭 62 天津市書記
許其亮 62 軍委副主席	王滬寧 57 中央政策研主任	趙樂際 55 中央組織部長	全人代 李建國 66 全人代副委員長	馬凱 66 副總理	汪洋 57 副總理	張春賢 59 新疆自治區書記	韓正 58 上海市書記
						孫政才 49 重慶市書記	胡春華 49 廣東省書記

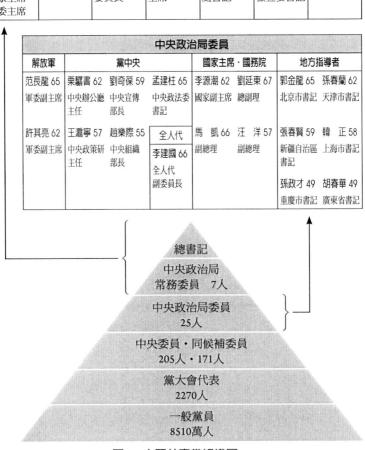

總書記
中央政治局常務委員　7人
中央政治局委員　25人
中央委員・同候補委員　205人・171人
黨大會代表　2270人
一般黨員　8510萬人

圖1　中國共產黨組織圖

（數字為2013年1月時的年齡）

習近平體制下對外政策[14]

國家戰略或對外政策等中國重要事項的決定權限是黨中央。然而，作為最終決定機關的全國黨代會每五年才舉行一次，休會期間，由執行黨代會決議的中央委員會全權取代。由於中央委員會每年招開一次，因此事實上，所有政治判斷或政策決定，均委由「中央政治局常務委員會委員」之手決定。

在此制度下，黨中央就外交與安全保障相關政策決定的常設輔佐機構，即「中央外事工作領導小組」。雖名為小組，然而其成員即政治局常務委員會委員，組長由國家主席、副組長由國家副主席擔當，可說是負責國家涉外事務政策決定的最重要機關。現任組長為國家主席習近平、副組長由國家副主席李源潮（政治局委員）就任，下設辦事機構「中央外事工作領導小組辦公室」。

依據防衛省防衛研究所的年度報告書《中國安全保障報告》，該中央外事工作領導小組辦公室主任為統括外交事務的國務委員戴秉國，並以其為主，由外交部、國防部、國家安全

---

[14] 本段作者所提部分人事職務，為當時情形。現已有所變動，為忠於原文，故未做變動。

部等國務院相關負責人，中央宣傳部（中宣部）、對外聯絡部（中聯部）等相關部門部長，及人民解放軍負責涉外事務之副總參謀長構成。針對國際形勢或外交政策進行等相關工作的研究調查、輔佐黨中央政策擬定與政策決定，並提出相關建言。

2012年斯德哥爾摩國際和平研究所（SPIRI）研究員，分析大量文獻及政官財學界等，相關領域重要人士七十多人之證言所做成《中國新對外政策》報告指出，該領導小組對外政策專門家主要成員有，國務委員戴秉國（楊潔篪接任）、中聯部部長王家瑞、外交部長楊潔篪（王毅接任）、商務部長陳德明（高虎城接任）、國防部長梁光烈（常萬安接任）、國家安全部長耿惠昌。

SPIRI報告書中明確指出，戴秉國自2005年就任中央外事辦公室主任以來，不僅以外事領導小組「議長」之姿，擔負對外政策日常工作負責人，更是外事領導小組議題創造決定者，可斷定其為中央政治局委員外，就對外政策最具有影響力的幹部。只是，該主任職務似乎未必由國務委員擔任，第十八次全國黨代會，由前外交部長楊潔篪升任接替戴秉國，擔當外交事務國務委員，然而中央外事辦公室主任仍為戴秉國。[15]

---

[15] 譯註，隔年，2013年8月起，由楊潔篪接任。

　　近年來，各國外交管道人士，正注視觀察著，中央外事辦公室主任機能與權限的擴大，似乎與美國總統國家安全事務助理（國家安全顧問）相可匹敵，未來是否會成為中國的外交與安全保障領域的發號台。

政治局常務委員
政策方針確定

◎政治局常務委員
☆政治局委員
○中央委員

中央外事工作領導小組

・中央宣傳部
　☆劉奇葆
　中央宣傳部長

・中央對外聯絡部
　○王家瑞
　中央對外聯絡部委員長

・中央台灣工作辦公室
　○張志軍
　國務院台灣事務辦公室
　主任

・黨中央對外宣傳辦公室
　●蔡名照
　國務院新聞辦公室主任

・國防部
　○常萬全
　國防部長

・人民解放軍
　○戚建國
　副參謀長

◎習近平
國家主席

☆李源潮
國家副主席

○楊潔箎
外交擔當國務委員

中央外事辦公室

戴秉國
中央外事工作領導
小組辦公室主任

葉大波
中央外事辦公室
副主任

・外交部
　○王毅
　外交部長

・公安部
　○郭聲琨
　公安部長

・國家安全局
　○耿惠昌
　國家安全部長

・商務院
　○高虎城
　商務部長

・國務院港澳事務
　辦公室
　○王光亞
　國務院香港澳門
　事務辦公室主任

圖2　中國共產黨中央外事工作領導小組成員

美國也不得其門而入

　　日本長年以來仰賴戴秉國。據報載，在最近2013年6月奉安倍首相密令訪中的內閣官房參與谷內正太郎，與其會談者即是戴秉國。

　　果不其然，戴秉國仍然在中國政壇上活耀著。滿懷感慨聽到這則訊息，令人回想起，2012年夏天發生的「尖閣國有化」事例，傳出被迫解除所有職務引退下台的訊息，事後回想起那段記憶，實在令人不堪回首。依據外務省相關人指出，戴秉國目前在中南海仍保有辦公室，較之接任者楊潔箎更具人望，每日都有外交官員後輩，前往徵詢意見、請求賜教。

　　即便如此，戴秉國仍只是205位共產黨中央委員會委員中的一人，排進不由最上層25人所組成的中央政治局委員，網路上甚至流傳著，根據黨內排序充其量不過是排名第51位而已的消息。更具衝擊性的是，新選出205位中央委員裡，與外交事務相關者僅楊潔箎、外交部長王毅（前駐日大使）、中聯部部長王家瑞、國務院台灣事務辦公室主任張志軍（前外交部副部長）、國務院香港澳門事務辦公室主任王光亞（前聯合國大

使）等五人。截至2002年仍擔任中央政治局委員與政治局常務
委員的前外交部長錢其琛，最後也被屏除在外交專門家之列。
不僅如此，前述一再強調在對外政策決定過程中，具重要性腳
色的中央外事工作領導小組其成員中，泰半屬於內政相關部門
負責人。

　　軍事外交由國防部、國際經濟則是商務部，海洋政策則
是由國家發展委員會所管轄，實情是，外交部的影響力是有限
性的。換言之，無論是就組織或體制面、或政治決策過程面所
見，不得不說，即便是在外交領域中國仍然是以內政做為優先
考量。國際性事交涉，雖須由外交部擔當主導，然就其他部門
而言，外交部不過是單純的「外語流利者」，實際上，與其制
定、籌畫政策，外交部更安於扮演傳達的腳色。

　　身處如此的中國，近十年來，擔負中國外交核心的戴秉
國，不僅只是日本，連美國也都須仰賴其人。

　　2012年10月，美國為居中協調，因尖閣諸島（釣魚台列
嶼）而持續升高緊張態勢的日中關係，美國歐巴馬總統派遣超
黨派前美國政府官員代表團前往日中兩國。

　　此次訪問中國的是，民主黨籍前副國務親卿史坦伯格（James
Steinberg）、前國防部助理部長奈伊（Joseph Samuel Nye, Jr.）、

共和黨前國家安全事務助理哈德利（Stephen John Hadley）、前副國務卿阿米塔吉（Richard Lee Armitage）等四人，10月22日與日本首相野田佳彥舉行會談，翌日即相繼與李克強、戴秉國、楊潔篪等人進行會談。

事後，有機會與再次順道經過日本的阿米塔吉本人會談相互交換意見，其本人表示：「相當理解日本在對中國溝通上的辛勞，美國在對中國外交管道的建立上，也煞費一番苦心」。銜歐巴馬總統密令的超黨派前美國政府官員代表團，雖對下一任國務總理李克強致表敬意，但實際上對談的對象仍是戴秉國。連美國也沒有與中國領導中樞建立決定性的溝通管道。個人深感今後的重要課題是，日本必須獨自另建一條政府層級管道外，穩健踏實的與黨中樞，如中聯部、或共產黨中央黨校（校長為國家副主席兼任）等，建立關係。這是擔當首相輔佐官、以及身為政治家的我，在面對如此嚴峻考驗的日中關係，所下的決意。

王滬寧這號人物

接著，據傳在戴秉國後接任中央外事辦公室主任的人選浮上檯面，受各國媒體競相注目的是，政治局委員王滬寧。連

續輔佐前國家主席江澤民、胡錦濤擔任最高權力者的智囊，起草「三個代表」、「科學發展觀」等中國共產黨的指導理念論述，而廣為人所孰知，據傳習近平在全國人民代表大會閉幕演說上，重複高達九次提及「中國夢」的口號，即是出自王滬寧之手。

在中南海為主的激烈權力鬥爭中，能夠連續歷任三代主政者，並且能穩坐權力中樞的王滬寧其頭銜是，中國共產黨中央政策研究室主任。儘管是不甚起眼的職位，但是連《紐約時報》（2013年3月16日發行）都刊載，由中國問題專家指出，「王滬寧擔任與美國總統國家安全事務助理相當之職，是否意味中國在軍方、政府、祕密情報機關的外交安全保障政策將有所調整？」。

本人擔任首相輔佐官時，屢次在日中首腦會談席間看到他列席，卻未曾有機會聽聞他的發言，僅留有幾近於無名氏的人，卻竟然列位如此之高的印象。第二章開頭提及在美國加州舉行的美中首腦會談中，王滬寧就坐在習近平主席的左側。此場美中會談，根據中國新華社新聞報導，習主席的隨行人員序列，依序分別是「王滬寧、栗戰書、楊潔篪」。相較於王氏，副首相層級的國務委員，負責外交事務的楊前外交部長，處於

更後面的位置。而且，連以知日派廣為人熟知的王毅身為中國外交實質發號台的外交部長，居然未列席在美中首腦會議。

很明顯地其理由就是，王滬寧與栗戰書是25人的中央政治局委員之一，楊潔篪只不過是205人的中央委員會委員中之一人。附帶一提，栗戰書是中央辦公廳主任。此外，因家族醜聞中奇蹟似躲過一劫的令計畫（雖然錯過了晉升政治局委員的機會），以中央統一戰線工作部部長重返權力中樞。其以輔佐全國政協主席俞正聲從幕後走向台前，原本是擔任胡錦濤秘書，第十七屆黨中央委員會書記處書記（目前是中央政治局常務委員七人之一的劉雲山）的高層人物，此次雖遭降格，但卻仍然處於權力中樞。

在中國問題觀察家間，普遍一致認為，王滬寧、栗戰書、令計畫三人，將在習近平體制下十年內，將擔負內政、外交政策的重要智囊。

黨內鬥爭

看來整然有序的中國政權中樞，其意思決定，特別是在外交政策形成上，與毛澤東、周恩來時代般，分工明確的時代，

完全相反，是非常混亂的。

　　就此事，數年前有幸與季辛吉博士（Henry Alfred Kissinger）對談。試探性地向他提起：「與博士在1970年代初，準備展開祕密外交、震驚世界、閃電般美中接觸的情況相比，目前的中國，能夠在對外政策產生決定性影響的人物，似乎有不少管道、不是那麼容易接觸」。結果，季辛吉笑嘻嘻地回答：「當時簡單多了。只要毛澤東點頭，所有人就動了起來。因為從上而下的資訊管控，所以無論是軍方或民眾，都可以受到管控」。

　　毫無疑問的，中國的政策決定，是不受單一黨幹部勢力所掌控。有必要慎重考量各個不同集團的利害關係。

　　特別是應該注意的兩個集團。解放軍與海上執法機關（及以其為後台的能源相關企業）、以及媒體與網民。網民受到媒體煽動，藉著此一情緒，軍方與海上執法相關機關採取強硬姿態，當然也有如此互為表裡的情形。

　　首先，先來解析在第二章中「韜光養晦」的部分中，提到黨與人民解放軍之間錯綜複雜的關係。

　　人民解放軍的終極任務已如前述，是守護中國共產黨。然而，最近屢屢發生軍方對黨以及國家領導者，要求軍隊國家化

政策產生疑慮的事例。

例如，2001年（平成13年）4月，發生的美軍偵察機與中國戰機的撞機事件（美軍偵察機迫降海南島、中國戰機墜毀）、2004年11月中國核子潛艦入侵日本海、2007年1月反衛星導彈試驗、2009年3月美國海軍無暇號海洋研究船（USNS Impeccable T-AGOS-23）妨害逼近事件、2011年美國國防部長蓋茨（Robert Gates）訪中期間，中國軍方執行了最先進隱形戰機「殲-20」試飛、以及最近中國海軍艦艇開啟火控雷達瞄準事件等，明確的顯示出，中國領導階層與外交部並未事先掌握相關情資，而是經過相當時間才以突發事件來處理。

此外，鄧小平所留下「韜光養晦」的外交指導政策，國內外的研究者，耗費龐大的資料與篇幅相互論爭。特別是，最近，前面所提「二十四字戰略」中的「韜光養晦」與「有所作為」最為受到矚目，即便是在中國領導班子內部，如何在兩者之間取得平衡，也引發不小的爭論。

一直以來，都是將重點放在前者，也就是收斂光芒、隱蔽待機。然而，自2009年四月中央政治局會議後開始，將重心逐漸移往後者即「掌握戰略性機會，積極有所作為」。特別是，同年7月胡錦濤主席在每五年舉行一次的駐外使節會議中的演

說提及，仍然堅持「韜光養晦」，但特別強調應該積極「有所作為」。2008年爆發的「雷曼兄弟連動債事件」，歐美諸國在尚處於其餘波之中，中國發展的絕佳時機到來，在中國國力增強的背景下，表明「對外關係工作應積極且主導性地展開」。

當然，2008年成功舉辦北京奧運、順勢超越日本達成世界第二的經濟規模，另一方面，世界霸權美國陷入阿富汗、伊拉克戰爭的泥沼之中，對國際社會影響力下滑，就更不待言。

2010年3月中國政府高層，對訪中的美國副國務卿史坦伯格（James B. Steinberg）與白宮國家安全會議亞洲事務高級主任貝德（Jeffrey Bader）傳達，相較於過去，更擴張的「核心利益」概念，具體而言包括台灣、新疆、西藏以及南海。

然而，2010年9月發生的中國漁船衝突事件，中國對外所採取的連串強硬措施，導致周邊各國心生不滿，「中國威脅論」的論調紛紛浮現。同年12月，對此事深感憂慮的戴秉國以《堅持走和平發展道路》為題的文章，刊載於中國共產黨機關報「人民日報」，堅持「韜光養晦」路線的重要性，用以回應各國對中國發展的走向。豈料，一個月後人民解放軍副總參謀長馬曉天上將，在「學習時報」上發表，《把握戰略機遇期的時代內涵，明確我們的歷史使命和擔當》的長篇文章，企圖降

低戴秉國論文所採取隱忍負重的路線，並顯露出軍方意欲擴大影響力的旺盛企圖心。

中國領導幹部階層內部，希望持續採取隱忍自重與積極活用戰略機遇的不同路線彼此之間，相互的權力鬥爭也正逐漸白熱化。

網民與貧富差距

中國對外一面倒似的轉而採取強硬姿態，其背後有著一股莫大的民意基礎存在。1990年代後半開始，江澤民體制所發起的強化「歷史教育」運動，導致民族主義情緒容易受到煽惑，中國領導階層動輒得咎，態度過於軟弱、屈服於國際壓力的熱烈批評，在網路上不絕於耳。對於將維持體制置於最高核心利益的共產黨政權而言，深恐民意的過度擴張。

一般推測，中國境內已經有超過四億人口，組成世界最大的網路社會市民，即一般所謂的「網民」。其存在，更使得民意爆發的危險性加速升高。中國當局，特別是國務院公安部與國家安全部，對媒體管控規制的同時，也不斷地擴張權力監視網路上言論。即便是如此，也無法達到完全封鎖的地步。也正

因如此，中國當局對輿論的所採取態度是相當複雜的。某些情形下，似乎可藉由媒體傳播煽惑大眾的訊息，在國際議題上採取強硬姿態；某些情形下，則是完全封鎖對外政策相關的輿論發展。

根據一份令人深感興趣，2012年10月由美國的獨立性民調機構（Pew Research Center），公布一份針對中國境內3100人為對象所做的調查報告，其結果顯示出，中國國民最深感不滿的是「政府、黨幹部的貪污、腐敗」、接著感到憤怒是「貧富差距」，再來則是「食安問題」。

強行徵收土地、企業解雇以及拒絕提高薪資等不滿情緒逐漸積累到最後，便是以對黨幹部的貪污、腐敗橫行不滿的形式，逐漸遍及全國興起遊行與暴動，1990年代初期開始，每年約有8000件，之後逐年增加，2007年突破80000件。不過政府方面並未正式公布統計數字。一般推斷，以每日四百到五百件估算，目前每年約有十七萬到十八萬件。為此，2013年度國家預算中，維持國內治安（維穩）的預算約為7690億元，暴增為過去24年總和的三十倍，超越用於維持對周邊國家警戒的國防預算費用的7406億元。

為了抑制並「善導」民眾不滿的情緒，中國共產黨投入巨

額國家資本用以「教育」（主要是思想教育）高級幹部與民眾雙方。胡錦濤體制，為維持內政的安定，提出「和諧社會」的口號。主要就是克服，充斥於中國各階級或區域間差別與貧富落差、調和的社會為目標。

中國最優先的核心利益，就是確保中國共產黨統治的安定性。為此，中國社會的安定與其保障，經濟成長便不可或缺。經濟成長率如未能維持在7%的成長，便無法創造出每年四百萬畢業生的雇用機會，儘管累積到大學以上的高等教育學歷，卻持續產生大量無業的「蟻族」現象。此一族群，在網路上築居作為網民，懷抱對政府的高度不滿，伺機對政府祭出攻擊的利牙。

而且，據傳2015～2016年中國勞動人口將達到最高峰，其後逐年減少五百萬人，想要維持目前的經濟成長率將極其困難。鄧小平提出的「先富後老」（讓一部分人先富起來，再帶動和幫助其他的人，逐步達到共同富裕）口號，社會保障制度沒有相互配合，遲早必須先面對「未富先老」（未達共同富裕，先面臨人口高齡化的長期趨勢）的事態。如此的中國要實現社會和諧地步，其困難度毋庸多言。

不僅如此，胡錦濤甚至提倡建構和諧社會的國際版本「和

諧世界」，為此還分割部分應付國內問題的資源，用於整備國
際環境。問題是，胡體制下，仍繼續維持前任江澤民的反日、
反歐美的歷史教育政策。特別強調傳承，十九世紀後半至中華
人民共和國建國，將近一世紀的時間，中國因歐美列強以及日
本所遭受的「屈辱時代」。

　　歷史教育中所不能置之不顧的是，中國人的世界觀。更直
截了當的說即是，「領土觀」。換言之，中國領導者內心經常
想著的是，清朝乾隆時代（1735～1796）的地圖。其一舉一動
中，皆隱含著盡可能削弱此區域內美國影響力的意圖。在這複
雜的世界觀中尚有，中國四千年歷史傳統的「華夷秩序」國際
觀。如此傳統的國際觀與我等所孰知的國際秩序觀，是兩條永
不交集的平行線。這也正是目前美中與日中磨差衝突之根本
所在。

　　就中國角度而言，各國在近代國家化的領土確認過程，與
原本自己所領轄土地失去的過程，幾乎是同時。換句話說，具
有強烈的「被掠奪」感。對近年國力漸增的中國而言，「取回
失土」成為正當化的最大動機。因此執著於開羅宣言，「日本
自中國人所得到的所有領土，比如滿洲、台灣及澎湖群島，應
該歸還給中華民國」之理由亦在於此。

很明顯的，今日中國人所想的，就如同2012年10月26日，中國外交副部長張志軍，在國內外媒體聚集的記者會上，就尖閣問題脫口而出的用語：

……今日的中國不是1895年（日清戰爭敗北）的中國，更不是1931年「九一八事件」（滿州事件），和「七七事變」（日華事件）時的中國。

海上保安廳與中國海警局

觀察中國今後發展動向不容錯過的是，近年來與人民解放軍同時持續擴展勢力的中國海上執法機關。

2013年，7月，中國國家海洋局轄下「中國海警局」正式成立運作。這是在3月由全國人大所通過「國務院機構改革和職能轉變方案」所成立的新組織。事實上，日本外務省自2007年開始，便希望中國方面能有與日本海上保安廳相當，單一化、互相交流溝通的機構。2012年我曾以執政黨議員身分參加「東京─北京論壇」（民間團體言論NPO與中國日報社合辦），會中呼籲中國方面統合海上執法機關。

　　何以如此？日本海上保安廳所擔負的「海上治安之確保」、「領海或專屬經濟海域之監視」、「海難救助」、「海洋環境保護」、「海洋科學調查」、「沿岸航線安全之確保」等多元化任務，在此之前中國是由所謂「五龍」的五個各自獨立的海上執法機關分擔負責，彼此之間相互衝突、摩擦不斷。因此，改編整併之主要目的，即在於統合整理職權。如圖表所示，原國家海洋局轄下中國「海監總隊」（海岸警戒）、原公安邊防「海警部隊」（國境警戒）、原農業部「中國漁政」（漁業管理）、原「海關總署」（海上緝私警察）的組織和職責整合，重新組建國家海洋局由國土資源部統轄管理。原先「五龍治海」中僅留交通運輸部轄下「海巡」獨立運作，負責中國沿岸海上交通管理事務。

　　此次整併，國家海洋局擔負制定海洋開發計畫、海上權益保護、海域使用管理監督、海洋環境保護等職責，今後並以「中國海警局」的名義展開海上權益保護、統一執法活動，局長由公安部副部長層級擔任，同時須接受公安部業務指導。

　　此次組織整編，廣義而言屬於「行政改革」；事實上，是基於海洋國家化的長期戰略思考，制定海洋任務的統合性計畫與強化綜合協調機能。此外，在新設立的「國家海洋委員會」指揮下，可確保戰略性預算經費、增強裝備與人員教育訓練，

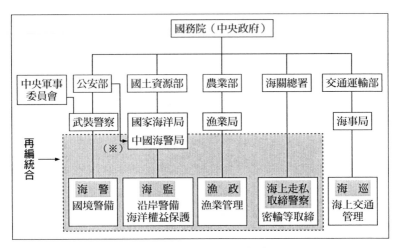

圖3　中國海上執法機關組織圖

中國海警局所擔負海洋執法的能力將大幅提升。中國海警局行使海上警察權限，實際可運用人數為16000人、保有的船艦總數超過3000艘以上。

　　在南海擴張勢力範圍，升高東南亞各國緊張情勢，時而製造衝突摩擦時而挑動緊張對立，頻繁入侵尖閣海域的「海監」船舶是非武裝的，武裝船艦較多的「漁政」任務則非以行使警察權為主。然而，可以想見，今後以「海監」或「漁政」為主，超過1000噸級以上的大型船艦，將改以「中國海警局」名義，在武裝化下高舉海上警察權，大肆巡迴出現在釣魚台列嶼周邊海域。

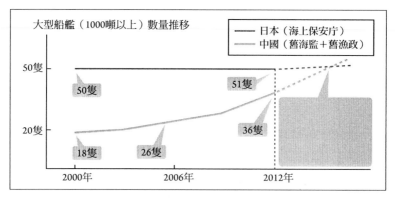

圖4　中日海上執法船艦勢力比較

　　原已處於高度緊張局勢的釣魚台列嶼周邊海域，將隨中國海警局的設立，局勢更形險峻。原先我等是為了相互交換意見順暢而希望對話窗口單一化，結果組織強化後的中國政府，卻顯露出其海洋勢力擴張的強烈意圖。

　　東南亞各國幾乎不具備，能與強化後的中國海警局相對等的海上警察或沿海警備部隊。今後對於中國海警局行動的遏制將更形困難。更深層的問題是，中國以極高的速度增強海上執法船艦，即便是日本海上保安廳也將在數年內優劣勢互換。

　　我等必須有所覺悟，今後不僅是東海，連南海的緊張局勢是否更進一步升高，端賴中國政府的政治判斷。有關日本的對策，將於下一章進一步說明。

美國的大戰略是「積極參與」？
「維持均勢」？

面對中國迅速崛起，作為霸權大國的美國到底是要如何應對此一情勢？

中國的終極戰略目標，已如前章所述，是將美國勢力自亞洲大陸與西太平洋地區完全切離、排除。假使，美國勢力完全從東亞與西太平洋區域被屏除在外，究竟會發生何事？在中國壓倒性的影響力下，或許會使整個地區「芬蘭化」。

所謂芬蘭化是冷戰時期的用語。印象中，學生時期，中曾根首相用過這個詞彙來倡導加強國防。其意思是指，雖然作為主權國家，但是在舊蘇聯壓倒性的軍事力威脅下，外交與國防事實上成為「無效化」。東南亞國家中，已有寮國與柬埔寨半芬蘭化的國家。不過，其原本就是被收歸在以中國為中心的華夷秩序圈中。

慶應義塾大學細谷雄一教授，在《國際秩序》（中公新書）中，就東亞權力平衡的重要性，說明如下：

如果，在東亞與東南亞，中國可以對鄰近諸國獨斷號
令，那麼即意謂該地區權力均勢已不復存在；相對的，
如果美國為了不使中國獨斷號令，而對其周邊小國的主
權提供援助，這即是權力均衡的典型機能。

如果真是如此，為了有效性牽制在西太平洋以及印度洋擴
張勢力的中國，美國的對抗策略，無論如何都要確保在東亞與
西太平洋區域持續性的存在感。太平洋東半部沒有島嶼，而西
太平洋上遍佈主權國家以及成為專屬經濟海域基點的島嶼，正
因如此更顯其重要性。

這100年來美國的大戰略基本上是一貫的。十九世紀末北
美洲的西部拓荒、美西戰爭的結果，先後併吞了夏威夷、菲律
賓，成為「太平洋國家」以來，美國國家利益的重心，經常是
置於西太平洋到東亞區域的安全保障問題上。

首先不得不先說明的是，自1972年2月閃電訪中，開啟美
中交往的尼克森政權以降，美國的對中政策，雖然因國際情勢
在軟硬兼施間擺盪，不過無論是共和黨或民主黨，歷任政權大
致上都是堅持「積極參與（engagement）政策」。

舉例而言，對共產黨陣營強烈非難、批評卡特政權的美

中恢復邦交政策，而後繼任美國總統的雷根（Ronald Wilson Reagan），基於圍堵封鎖舊蘇聯的地緣政治戰略性考量需要，美中之間便維持著良好的關係。再者，就克林頓政權對中採取姑息政策嚴屬批判，繼而就任美國總統的小布希（George Walker Bush），2011年9月11日發生「九一一恐怖襲擊事件」，而以伊拉克為主掀起反恐戰爭，為此不得不轉換為與中國協調合作路線。二十一世紀開始，伴隨著中國經濟發展，基於經濟利益考量，美中關係朝向更形緊密方向發展的趨勢。

依據東京財團資深研究員渡部恆雄分析，美國對中政策以華盛頓為中心，大致上有四組團體相互牽制傾軋。第一個是「對中圍堵封鎖派」，個人留學時期此一論述正好勢力大增，一般將之稱為「藍軍」（對中姑息派，「紅軍」的相對勢力），以美國國會中國經濟安保調查委員會為主的鷹派議員、小布希政權中的副總統錢尼（Dick Cheney）及前國防部長倫斯斐（Donald Henry Rumsfeld），前駐聯合國代表波頓（John Robert Bolton）等組成；其次是「對中交往（engagement）派」，以前國務卿季辛吉（Henry Alfred Kissinger）及前國家安全顧問布里辛斯基（Zbigniew Kazimierz Brzeziński）等傳統權力均衡理論大師以及前副國務卿阿米塔吉（Richard Lee Armitage）等重視同盟關係的

穩健保守派為主；接著是「對中經濟合作促進派」，以在對中
貿易獲取利益的財政界為中心；最後則是「經濟自由‧人權擁
護派」，因中國製品進口受害業者與勞工團體，及關注中國人
權狀況的眾院議長南西‧佩洛西（Nancy Pelosi）為首的自由派
議員所組成團體。

　　這四大團體中，在政治光譜上處於兩極的保守「對中圍
堵封鎖派」與「自由、人權」派，能夠影響、並朝向激化對
中衝突發展的原因，自不待言。即使如此，歷屆政權多半仍是
在，深化與中國的經濟依存關係、誘使中國朝向民主化、國際
協調性大國方向發展的目的下，基本上都是採用「積極參與政
策」。附帶一提，因1989年天安門事件，而中斷對中國經濟援
助，最早解禁的日本也是出自相同的考量。

　　伴隨著經濟成長，軍事力量顯著提升，以及國內民族主義
情緒高漲，自然會讓中國對外作為採取較強硬姿態，當積極參
與政策無法產生預期效果的情況下，基於「風險分擔／兩面
下注」，現實上仍需同時考慮「均勢（balancing）」政策的必
要性。

　　在此現實政策與戰略思考下，美國政府的對中外交一向都
是在「參與」與「均勢」之間調整。就此觀點檢視分析歐巴馬

政權，即可理解。

2009年11月初，歐巴馬訪中時表示：「美中關係不是零和競爭」、「美國無意圍堵封鎖中國」，同時在美中共同聲明中特別強調，尊重雙方「核心利益」的重要性。當時，在美國方面的認知上，中國不惜以軍事力量介入的核心利益是，「台灣、新疆、西藏的主權與領土問題」。爾後，美中之間因此一「核心利益」的摩擦衝突，日益激烈化。

歐巴馬總統上台初期，毫無疑問地心理所思考的是「G2」問題。由美、中兩國組成「G2」（Group of Two）的構想，是歐巴馬就任前，由曾任歐巴馬外交問題顧問的卡特政權時期國家安全顧問布里辛斯基（Zbigniew Kazimierz Brzeziński）所提倡。

> 鑒於美、中兩國相互依賴之重要性，有必要在夥伴關係的基礎下建構G2關係。共同解決超越美中經濟問題外，中東紛爭、削減核子武器、反恐對策以及氣候變遷等國際重要課題。
>
> ──2009年1月2號，《紐約時報》

說起來，在布里辛斯基提出G2構想的三年前，共和黨布

希政權,副國務卿佐立克(Robert Bruce Zoellick)敦促中國成為「負有責任的利害關係人」,2006年9月布希總統與胡錦濤主席雙方同意建立「美中戰略經濟對話」機制,G2構想於焉萌芽。

然而,歐巴馬政權過度期待美中共同合作的美夢,在歐巴馬上任後不到一年的2009年12月,哥本哈根氣候變遷會議上,由於中國毫不妥協的態度,讓G2構想瞬間瓦解。

隔年2010年,歐巴馬政權還以顏色,於1月就宣布決定高達64億美元,中國所不樂見的對台武器軍售案,同年2月與達賴喇嘛會面,接著國防部在《四年期國防檢討報告》(Quadrennial Defense Review, QDR)中,首次明確指出防範中國「反介入/區域阻絕」(A2/AD)能力之必要性。接著在三月發生韓國護衛艦「天安艦」遭擊沉事件、11月發生延平島砲擊事件,對於中國過度偏袒北朝鮮的立場,美國與同盟國日、韓兩政府,同聲嚴厲譴責批判。

不僅如此,7月「東協區域論壇」會上,美國國務卿希拉蕊嚴厲非議中國屢次在南海上的強勢作為,引發中國外交部長楊潔篪反駁回敬。8月美越在越南蜆港外海舉行聯合軍演,中國為此表示強烈表示不滿,9月尖閣群島海域發生中國漁船撞擊事件,對於中國的強勢態度,國務卿希拉蕊表示:「尖閣諸

島屬於《日美安保條約》第五條適用範圍」。同年年底，中國
阻擾劉曉波出席諾貝爾領獎。凡此諸多事例顯示，G2構想因
「中國威脅論（中國異質論）」澈底破滅。

美國「重返亞太」

歷經曲折，歐巴馬政權第一任後半，重新回到常軌。亦
即，適當的維持在「積極參與」與「維持均衡」兩者之間。這
也就是「再平衡」政策的本質。國務卿希拉蕊率先以「重返亞
太」字眼，正式發表於2011年11月出刊的《外交政策》雜誌。

更早的一年前，希拉蕊對中國在南海的為所欲為，已經開
始做出反擊。2010年7月在越南河內舉行的「東亞區域論壇」
上，希拉蕊在以中國為首及各國外交部長前所發表的演說，大
致如下：

（1）自由航行權、亞洲公海領域的開放，以及尊重國際
　　　法的規範處理南海爭議，符合美國的國家利益。

（2）美國支持所有關係國，通過合作協商的外交程序，
　　　解決各種領土爭端。反對關係國的任何一方使用或
　　　威脅使用武力。

（3）美國對南海主權與領土上的紛爭保持中立立場。各
　　　聲索國必須遵照國際法提出領土及相關權利主張。

（4）美國支持東協諸國與中國於2002年發佈的《南海各
　　　方行為宣言》（Declaration on the Conduct of Parties in
　　　the South China Sea, DOC）。呼籲所有關係國協商制
　　　定《南海行為準則》（Code of Conduct on the South
　　　China Sea, COC）。

　　身為負責維持現行國際秩序的霸權大國外交高層官員而
言，無論是演說內容或時機上，都正好切正要點。是篇相當出
色的演講。

　　即便如此，中國絲毫不為所動。或許不為所動略顯浮誇，
應該說中國外交部長楊潔篪，完全沒有預想到會在各國代表前
遭此嚴厲抨擊，面露難色隨即中途離場，嗣後發表強烈駁斥
聲明：

（1）南海地區航行自由並不存在任何威脅。

（2）爭議是兩國間問題，將問題國際化、多邊化徒增複
　　　雜性，解決難度更大。強烈表明爭議解決途徑由爭
　　　端當事國之雙邊互談解決。

單憑「歷史性」支配理由為基礎，以「九段線」為根據劃

定領土、領海的中國與重視地理條件為基礎的聯合國海洋條約間，並不容易形成法理上論辯的空間。不過中國認為，與實力相懸的東盟各國談判上，如將問題侷限在爭端當事國間，就能已經濟實力等取得較為有利的談判空間。

歐巴馬政府，以國務卿希拉蕊的演說作為契機，在所有國際會議場合上，反覆表達上述立場。最高潮是在，2011年11月夏威夷舉行的亞洲太平洋經濟合作會議（AEPC）後，印尼巴里島舉行東亞高峰會（EAS）前，歐巴馬在澳洲國會的演說。在演說中正式宣告，隨著阿富汗、伊拉克的反恐戰爭持續白熱化，而在亞太地區形成「空白的十年」將畫上休止符，並將投入大量資源「重返亞太」。內容中提及，將在澳洲北部達爾文地區，以輪調方式派遣2500人的美軍陸戰隊。

2013年8月，個人曾經接受澳洲外交部邀約，在坎培拉、雪梨為期一周的訪問，有幸與政治家、政府高層官員、研究員等舉行密集討論。透過該次討論，讓我再次體會澳洲在戰略上的重要性。澳洲北部的達爾文所處位置極佳，正好位在與印度洋、南海，以及西太平洋等距的地緣政略上極佳地理位置。相關詳細內容，將於下一章說明。

2012年6月「香格里拉會談」（在新加坡舉行的亞洲安全保

障會議），出席的美國國防部長潘內達（Leon Edward Panetta），
發表有關於具體化重返亞太的美軍戰力，最遲2020年前將部署六
成的美軍戰艦到太平洋地區。除此之外，還表明將擴大與菲律
賓與越南的聯合軍事訓練與演習，強化關島與沖繩美軍，派駐
新加坡4艘最新配備的近岸戰鬥艦（Littoral Combat Ship, LCS）。
此外，2013年3月國家安全顧問多尼倫（Thomas E. Donilon）演講
時表示，美國空軍將在五年內把重心移往亞太地區、並將部署
F22、F35等第五代戰機，並強化陸軍與陸戰隊軍力。

　　歐巴馬政府隔年初，先後發表先前美國政府作為，所據的
連串政策報告書。首先是，2010年2月公布的《四年期國防檢
討報告》（Quadrennial Defense Review, QDR），詳細分析中國
年年增強擴大的「反介入／區域阻絕」（A2/AD）能力。基於
此報告，隔年2011年11月美軍（美國參謀長聯席會議）據此首
度表明反制策略。即「空海整體聯合作戰構想」（Air Sea Battle,
ASB）。冷戰時期在歐洲地區所採用的「空陸整體聯合作戰」
的現代海洋版ASB的重點是，如何在前面第二章所舉的台海危
機為例所述，在「反介入／區域阻絕」能力的威脅下，保護美
軍前方投射能力（陸海空戰力向前線部署、開展的能力），確
保遏止力量。建構網路資訊化大範圍的陸海空軍及陸戰隊所組

成的聯合部隊，突破、粉碎具最新銳戰力的敵方陸上與沿海所部署的「反介入／區域阻絕」能力。其中最重要的是，即便在高度威脅下，仍可確保美國及其同盟國艦艇、飛機在公海上聯合部署展開所需要行動的自由。

上述所提到的概念，全部歸納發表於2012年1月美國所公布的「新國防戰略指針」。為此，歐巴馬總統特意出席，在國防部長潘內達、參謀聯席會主席登普西（Martin E. Dempsey）及其他四軍參謀長陪同下，於五角大廈舉行聯合記者會，歐巴馬總統明確表達：「美軍仍將繼續確保世界安全，但同時會將重心移往亞太地區」，對該區域的承諾絕不改變。

離岸制衡（Offshore balancing）

然而，無論再怎麼吆喝助勢，內心深處仍有縈繞不去的一絲絲不安。重返亞洲或再平衡政策，即使是妥當的戰略方針，然而美國是否已確保有足夠的財政資源，用以支撐此一戰略政策？更重要的是，美國政策領導者們，能否持續不斷堅持戰略遂行的明確意志與旺盛企圖心？

事實上，美國目前所面臨空前嚴峻的財政狀況，被形容為

「財政懸崖」。歐巴馬政府與國會協商未達共識，2013年3月開始強制削減聯邦預算。2013年度（9月為止）業已預定削減歲出850億美元，國防總預算預估強制遭削減13%。今後所關注的焦點是，此強制削減措施何時終了，如此繼續下去今後十年內國防預算將遭削減4870億美元。舉例來說，白宮見習等已經停辦，各方面的影響將陸陸續續顯現。更要緊的是，對擔負再平衡戰略的第一線美軍戰力，產生立即性影響。

國防部長海格（Chuck Hagel）立即進行「戰略性選擇與管理審核方案」（Strategic Choices Management Review, SCMR），7月開始以一般文官為對象，實施「每周一日無薪假（furlough）」制度。受此影響所及，美國國防部除減少海外出差或暫停國際性會議外，也著手中止部分軍事演習、縮小規模或延期等措施，不得不說已經妨礙與亞太地區同盟國或友好國家間軍事合作關係。

前述《四年期國防檢討報告》（QDR），已預見到此一問題，為維持適當規模的軍事力，而排出戰略性優先序列。換言之，正式宣告放棄美國長久以來，維持同時兩場全面性戰爭（一般認為是朝鮮半島與中東地區）所儲備的兵力結構，一方面大幅削減陸上戰力；另一方面，則是增強比較優先的亞太地區海空軍戰力。

　　今後，如仍繼續強制削減國防預算，預估將較目前現況再削減高達兩成。不過，研究美國戰爭史的研究學者，認為這一點也不出乎意料之外。因為，美國自南北戰爭以來，反覆地在戰爭之後，必有一波大規模的軍事縮減。朝鮮戰爭後為31%、越戰後為28%、冷戰結束後，也有三成以上的軍縮規模。美國專家中，也不乏認為「反恐戰爭後的軍縮規模，不少於三成以上」。不過，參照下列圖表資料，即便是實施強制預算削減措施，美國國防部的預算仍能維持與2006～07年相當額度的國防預算。

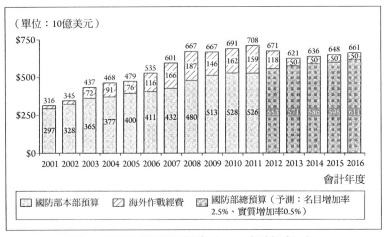

圖5　美國國防部預算推移（2001會計年度～）

出處：Fiscal Year 2012 Budget Request（美國國防部、2011年2月）

　　然而，較之數據更為重要的是，美國政府對亞太地區和平與安定承諾履行的強度。剛開始第二任任期的歐巴馬政府「國家安全保障團隊」，單就列席國會提名聽證會的對答內容，相較於希拉蕊、蓋茲與潘內達等舊國安成員，仍讓人感到相當不安。新團隊人員，保括國務卿凱瑞（John Forbes Kerry）、國防部長海格（Chuck Hagel）、接替多尼倫（Thomas E. Donilon）擔任國家安全顧問的前駐聯合國代表萊斯（Susan Rice）。國務卿凱瑞與國防部長海格，兩人均是越戰英雄，也正因為實戰經歷，所以對於戰爭與軍事衝突，是採取相當謹慎與穩健態度，而出名的參議院議員。特別是國務卿凱瑞，表面上延續前國務卿希拉蕊的「重返亞太」路線，在提名聽證會上，遭共和黨人氣議員魯比歐（魯比歐）追問有關於中國在軍事、經濟方面非妥協的姿態問題時，卻以「另外再找機會詳細會談」、「關於中國威脅在提名通過後會慎重檢討」等回答閃避；相反的，對於「再平衡」政策則是，明確表達「有必要強化與中國的關係」。至於，萊斯的專長是在非洲事務，因此無法期待能夠對歐巴馬總統提出亞洲政策的建言。

　　當然，以日本為首的亞太地區各國，並不希望美中兩國陷於無謂的衝突。為此，相當程度的積極參與政策是有必要的，

關於這點應當沒所爭論。然而，原本「積極參與」政策與「維持均勢」政策，就是同時並行運用的重要戰略，歐巴馬政府直到第一任任期後半，才終於回頭採取再平衡政策牽制中國攻勢，這要不是對「風險分擔／兩面下注」（hedging strategy）的錯誤解讀，就是刻意曲解，如果真是如此，就不得不令人有所憂慮。

　　的確，即使是再平衡，今日的中國與冷戰時期舊蘇聯是全然不同的情形，「圍堵政策」等不僅是實務運作上有所難度，美國本身也不期望採取此作法。單純就美國與中國的貿易額，與冷戰最高峰時期舊蘇聯的貿易額相比，就清楚明白不過。1985年美蘇貿易額約33億美元、日蘇貿易額約為38億美元；相對比2012美中貿易額為5360億6100萬美元、日中則為3336億6442萬美元。美中衝突對經濟產生的影響，約是美蘇衝突對經濟影響的七十倍。

　　回顧歷史，強敵當前對外作為不外乎兩種模式，「均衡政策（balancing）」與「姑息政策（appeasement）」。後者，是德國崛起時，英法所採取的作為。政治協商就好比拳擊的「擒抱」，需要等待時機。然而，對方如存有推翻既存秩序的可能性時，除非就像澈底擊垮希特勒般，才有結束的可能；另一方

面，均衡政策只會激化對立、製造無謂的衝突，反倒是對整體秩序招致不安定的風險。

因此，十九世紀的英國即是採取所謂的「離岸制衡（Offshore balancing）」策略。猶如其名，隔海與對手維持相當距離，保持勢力均衡的戰略。在此情形下，必然有一條雙方都可容忍而不可跨越的防禦線，一旦一方屈於劣勢，就會招致第二次世界大戰後「第一島鏈」般結果的可能性，朝鮮戰爭的爆發。

尤其是第二任任期的歐巴馬政府，毫無疑問的，是極力朝著避免與中國發生衝突的方向推進。如果不是採取「姑息政策」，而是試圖與對手維持一定距離、保持均勢，讓同盟國分擔不足的部分，那麼就極有可能是採取「離岸制衡」戰略。理由大致上有：

（1）財政限制，巧婦難為無米之炊。如前所述，隨著將近十年反恐戰爭結束而來的修正，已經預計著手削減兩成國防預算。私下與美國國防相關人員對談得知，國防部80萬文職人員將縮編、縮減海外出差費用，與同盟國間的防衛協議開始出現問題，影響所及是維持裝備費用、海外訓練、演習等的預算。特別是，維持美軍前線部署與立即反應體制的同盟國共同訓練等預算

削減，無形中造成嚇阻力的下降。

（2）非得提出來說不可的是，逐步侵蝕美國政界的「孤立主義」傾向。包含國防經費在內，目前主導「無保留性財政削減」的共和黨，傳統上被認為應該屬於對國際間合作政策的推進，與國防能力的確保較為支持的政黨。以2009年歐巴馬總統出線為契機，興起反歐巴馬的保守主義「茶黨運動」，為共和黨保守勢力帶來不小的影響。仿效英國殖民時期1770年代，在波士頓發生反抗宗主國的「傾茶事件」運動，在全美保守派白人中產階級中高年齡層獲得廣泛支持。

這些人多半是「小政府（夜警國家）」主義者，反對增稅、主張大幅削減。2012年總統大選的共和黨初選，直到最後都獲得不少支持的眾議院議員保羅（Ron Paul）等，強烈主張包含基地或國際機關等，應該全面從海外撤回。在此情形下，共和黨內維持國際主義傳統的資深參議院議員盧格（Richard Lugar）等相繼退出、維持國防預算與對外承諾的聲音在共和黨內，逐漸難以立足。

個人在2013年9月訪問，處於對敘利亞使用化學

武器的軍事制裁與否，激烈論戰的華盛頓特區，作為霸權大國，美國的消沉意志明顯道令人不寒而慄之感。與其說是，歐巴馬總統欠缺領導能力，不如說，蔓延在美國的厭戰氣息與如實強烈反映侵蝕共和黨的「孤立主義」。霸權大國對敘利亞的躊躇不決的猶疑態度，豈不是讓伊朗、北朝鮮認為有機可乘、讓中國看穿弱點，擾亂國際秩序？緊急時刻美國真的能讓人依靠？徒增同盟國家或友好國家對美國的不信任感。

（3）「油頁岩革命」加速「孤立主義」形成的趨勢。油頁岩革命確實可能為國際能源需求帶來革命性轉變。如果美國可以達到能源自給，那麼對安全保障勢必帶來無法預測的影響。

2013年3月以國會議員身分首次參與「第四十九屆慕尼黑安全保障會議」，會議中主要議題之一即是油頁岩革命。實現能源自給的美國，對中東沿岸地區的關注不再時，對地緣政治所帶來的衝擊。有關此議題，引發各國政治家與專家熱烈討論。中東情勢更形惡化，應如何處理？從中東沿岸到印度洋，再經麻六甲海峽到日本為首的東亞諸國，美國是否仍會繼續關

注並確保此一海上航線安全？對於石油八成、液化天然氣二成
仰賴從中東輸入的日本而言，美國陷入孤立主義，勢必迫使日
本面對戰略轉換的劇烈衝擊。

如何有效控管中國崛起

冷靜思考美國國內情勢變化，如何處裡中國崛起，美國的
大戰略，可謂不得不認為是採取「離岸牽制」策略。在此介紹
自1993年以來，一再提倡此戰略有效性，任教於德州農工大學
（Texas A&M University）的萊恩（Christopher Layne）教授的理
論。此戰略思考，絕對不是各種限制下，迫不得已的選擇，而
是眾多觀點中對美國領導者最有魅力的方案。不過，如果美國
採取此一戰略，身為同盟國必須有被迫採取相當嚴峻行動的事
先認知。

萊恩教授指出：「所謂的『離岸制衡』，並由各國非分
擔（burden sharing）美國以往所擔負同盟國安全保障的成本與
風險，而是企圖轉嫁（burden shifting）予各國的戰略。」《和
平的幻想──1940年以來美國的大戰略》（*The Peace of Illusions:
American Grand Strategy from 1940 to the Present, Cornell UP, 2006*）

　　不過，離岸制衡原先是以《霸權興衰史》（*The Rise and Fall of the Great Powers: Economic Change and Military Conflict From 1500 to 2000*）而著名的英國歷史學家甘迺迪（Paul Kennedy），為避免大英帝國過度擴大戰線所提的防範戰略。不過，萊恩以此十九世紀歐洲大陸戰略為基礎，將場景置換為現代情勢，提倡不單是抑制平時的支出，更著眼於2012年《四年期國防檢討報告》（QDR）所估計的今後20年美國戰力劇烈削減下的總和性戰略。

　　萊恩教授強調，美國的唯一戰略目的是，嚴加預防歐亞霸權大國崛起，離岸牽制則是將美國置身在大國爭霸外的重要戰略。就中國而言，恰巧與「新型大國關係」一致，且與前面第二章所介紹的斯皮克曼的邊緣地帶論相符、我所師事的布里辛斯基所說歐亞大陸國家的崛起如何管理（不是單純的圍堵）的地緣戰略也有所合致。

　　此一戰略可說是，防止過度介入的自我抑制性思考，此點也有不陷入姑息政策的重要性內容。即使是平時澈底執行離岸牽制，一旦區域間無法維持有效均勢時，必須毫無猶疑的部署兵力展開鎮壓。就此意義，不禁讓人想起被稱為「棍棒外交」的老羅斯福總統（Theodore Roosevelt）外交態度，「溫言在口，巨棒在手（Speak softly, and carrying a big stick）」。

事實上，離岸牽制並非新的想法。世界大戰期間，美國對外戰略就是離岸牽制。無論是歐洲戰線或太平洋戰線，美國在德國與日本軍事力量席捲區域，尚未掌握決定性的區域霸權前，絕不輕易派遣軍隊。珍珠港事變後雖終於採取行動，但這並不意謂在等待領土遭受攻擊。英國、法國、蘇聯、中國等彼此間勢力均衡的責任轉嫁予彼等，在日本、德國威脅日趨顯著，當區域圍堵能力已開始崩毀時，美國越過太平洋直接進行均勢戰略。

總之，阻擋中國崛起的美國大戰略，是由戰略暨國際問題研究中心（CSIS）時任資深副所長的葛林（Michael J. Green）等人所策劃，在向美國國會提出的報告書中歸納指出，「美國在亞洲地區最優先的戰略考量，與其說是防止美中發生衝突，不如思索建構如何不引發衝突之道」，「重要的是，美國衡平戰略所採取結合保證（assurance）與勸止（dissuasion）的搭配政策，能否實現」。

與單純的圍堵概念不盡相同，此搭配政策恰巧是，布里辛斯基所重視的「控管」概念內涵。絕對不單只是平時的交好，而是不讓中國有機會引發衝突的勸止（dissuasion）策略，除了必須事先建構有效果的遏止體制，更必須在失去遏止作用時，

能保有盡其可能擊倒對方的反擊能力。這就是老羅斯福所說的「棍棒」。關於此，CSIS報告書所述如下：「美國對於日本能在『積極參與』方面的幫助，甚表歡迎；然而，美國所真正期待的是，韓國或澳洲同樣地，對美軍的『遏止與擊破』能有所貢獻」。

這是美國從來所未提出來的。下一章節，將冷靜地分析美中之間微妙的戰略動向，在此之基礎下，思考如何讓美國大戰略與日本國家利益相符，並繼續引領亞太地區和平與安定的外交與安全保障戰略。

第四章　對中戰略的基礎

無以迴避的事實，看清未來趨勢

　　本書從卷首的「尖閣國有化」說起，正確地說應該是日本政府對釣魚台列嶼（釣魚島、北小島、南小島）所有權取的經緯過程開始，說明中國崛起及其戰略，與美國的對應戰略，並且分析受內外課題交迫的中國領導幹部與面臨財政再建的美國政府間的戰略方向調整。終於，要進入本書的最終核心議題──日本應如何自處？換言之，日本的外交‧安全保障策略為何？

　　分析思考日本的外交‧安全保障戰略時，筆者所注重的因素可略分為二。首先是客觀情勢。無法正確掌握自己所處位置與力量，就無法確定自己應該有的走向。果不出其然，地緣政治的觀點仍然很重要。不僅是從國力分析比較，應該更客觀的、動態的就地緣政治學的全部構造，確認自身所處的位置，是最為首要之點。

再者，另一個重要因素是，有必要從新認識自我的意志與國家目標。

「日本意欲究竟為何？」

「如何活躍於國際？」

日本只要參與國際會議或多邊合作論壇，總不時要面對其他國家不厭其煩地，拋出上述的質疑聲浪。

重新反省面對美國前副國務卿史坦伯格接受報紙專訪時所提出的建言，「重要的是，在亞洲太平洋區域，日本想要扮演甚麼樣的地位角色？能否開始思考所日本的長期安全保障政策？」（《產經新聞》，2011年12月30日）

即便是認識許久的友人，當下看到這樣的建言，仍然讓人憤憤不平。然而，反覆思考對於友人所提出的忠告，有必要對日本所要扮演的角色更進一步充分說明不可。

目前為止，尚無法看到日本有任何策略，明確化自身國家利益或國家目標，以及為實現此國家利益，如何創造有益於實現的環境。如此消極的對外政策，在本書第一章中已提及受限於戰敗後陰影。然而，作為擔負一億兩千萬國民的生命、財產與尊嚴的主權國家，在詭譎多變的國際情勢下，如此消極作為是不負責任的。以國家為主體的意志，應該更加明確不可。必

須制定務實的國家目標、及朝向目標邁進的策略，逐步摸索具體可行的方針。

國家戰略所指為何？

我在這裡稍微引申英國倫敦國王學院勞倫斯‧傅利曼教授（Sir Lawrence David Freedman）的定義：「所謂國家戰略是指，國際社會中自國所欲扮演角色為何的觀點」（《日本有國家戰略嗎？》本田優）。

為了在國際社會中，將自國置於正確的位置，有必要（1）掌握動態性的國際情勢（2）正確的認識自己以及所處的國際秩序。

首先，從掌握主要的國際關係趨勢開始。

《2030年全球趨勢：替代的世界》（*Global Trends 2030: Alternative Worlds*）報告書，由於是NIC（U.S. National Intelligence Council，美國國家情報委員會）在2012年底所發表的報告，嚴格來說就是以美國總統為對象所提出的文件，日文版由立花隆講解、並由講談社出版。

NIC報告書指出，權力擴散（Diffusion of Power）是今後

15～20年應該要注意觀察的主要國際趨勢之一。其中，依據國力指標「國內生產毛額（GDP）」、「人口規模（population size）」、「軍事開支（military spending）」、「科學技術（technology）」，中國的GDP約莫在2020年前後一舉超越美國，成為世界第一經濟大國。並預測在此期間，印度亦將急速追趕逼近的同時，中國勞動人口將在2016年達到高峰，2030年，對目前每年以兩位數經濟成長率誇耀世界的中國而言，將成為「過往雲煙」。

　　讓人更加玩味的是，NIC報告書將自1996年開始使用四大傳統指標之外，新加入三大指標「健康（health）」、「教育（education）」、「政府管理（governance）」，來預測未來趨勢。據此修正指標，中國一舉超越美國的時間將大幅退縮至2040年以後。這些新加入指標對於現代國家的政府管理而言，不單只是重要因素，作為權力來源的國內安定性更是不可欠缺。三項新指標對已開發國家而言均屬較為有利的指標，相對的對新興國家則多屬未開發領域。因此，即便此報告書預測日本與歐洲等先進國的相對國力退縮，但筆者還是堅信認為就此三項指標所涉領域，仍屬「大有可為的大國」。

　　附帶一提，2012年6月底聯合國所公布的報告書《包容性

財富報告（*Inclusive Wealth Report*）》，以人力資本（教育、健康等）、生產性資本（都市、交通建設）、自然資本等，綜合性國家財富比較，將日本評價為超越美國、其他先進或新興諸國等的世界上富裕國家。像國內生產毛額這樣的流體經濟規模雖然不如中國，但是儲存性經濟資產卻是中國或印度所遠遠不及的。

　　NIC報告書所描述的是2030年的國際局勢，隨著「權力擴散」，由單一國家所領導的國際社會「霸權國家」將消滅，而改由複數大國所取代，成為18～19世紀歐洲般的「大國競爭（大博弈）」時代。在剩下不到20年裡，如此的世界趨勢真會來臨嗎？雖然帶著半信半疑的態度，無論如何過去20年局勢與將來20年的發展，最大的不同就是美國在國際政治上將持續相對化，朝著權力移轉（power transition）的方向前進。如此一來，「權力擴散」的時代最令人擔憂的是，能否繼續維持國際秩序的安定。

　　在「不確定的時代」下思考國家戰略，個人認為有以下三項要點：

　　（1）短期而言，對於中國在質量上壓倒性的實力，面對如此壓力，以日本為主的周邊諸國應該如何「管

165

理」？所謂的「管理」（manage）並不好理解，不
僅是單純的姑息，而是防止衝突並同時找尋弱點的
意思。

（2）「權力擴散」的進程中，擁有超強實力的美國如何讓
各國見識其繼續堅持，並維護東亞‧西太平洋地區和
平與安定的承諾。

（3）中國本身中長期的成長力道將會蒙塵，無法控制其國
內不安與不滿的聲音，依照NIC報告書指出「中國將
採取對他國高度警戒、獨善其身的姿態」，在此其形
下，該如何應對？

就第二章所提過的「霸權循環理論」的想法而言，面對
新興國家挑戰的霸權國，唯有透過各種權力分享爭取時間，
抵抗權力擴散潮流以渡過該不確實的的時代。美國自身也非常
困惑，對中國採取不上不下的妥協態度，過於容易引發衝突，
損害自身國家利益。美國對此區域的承諾，日本及其他相關各
國，大致上都抱持著上述相同看法。

如此一來，日本應當如何自處應對？

談到我國外交安全保障戰略，與「國際關係主要趨勢」需
要同時關注的是，「自我認識」。關於自我認識，首先就NIC

報告書整理以下幾項重點：

　　（1）今後15～20年的國際局勢朝向「權力擴散」前進，
　　　　 國際秩序前景將更加晦澀不明。

　　（2）中國的經濟成長力道將逐漸趨緩，幾年內勞動人力
　　　　 達到高峰繼而往下降。印度將取而代之崛起。

　　（3）美國雖然在傳統國力指標被中國超越，然而綜合國
　　　　 力仍將持續維持世界領先地位。

　　（4）日本在綜合國力上，雖能進入領先群，但是面對中國
　　　　 壓倒性的國力。特別是軍事力與經濟力，將僅能維持
　　　　 守勢。

　　我希望先謹記上述幾項重點，再來說明關於日本及日本人
的自我認知的主張。亦即，從自我認知道日本是以什麼樣的國
際局勢作為目標的問題。

「海洋國家日本」的自畫像

　　日本文明自古以來便是由海洋所孕育、蒙受海洋所帶來的
各種恩惠，並受海洋守護，政治、經濟、文化以及國家的發展
均與海洋息息相關。的確，日本及日本人勇於劃破海洋，屢屢

在歷史的重大里程碑上留下足跡。遠從遣隋使、遣唐使開始，平清盛或足利義滿相繼與中國文明交流；織田信長開拓西洋文明，即使在江戶幕府二百多年的鎖國時代哩，仍承襲與西洋文明的交流；山田長政在東南亞的活躍、橫渡太平洋與大西洋包夾的北美大陸謁見羅馬教皇的支倉常長、以及由林子平、佐久間象山、橋本左內、橫井小楠等引領熱烈討論海防政策的幕末時代。德川幕府以美國黑船來航事件為契機，在長崎創設海軍傳習所（西式海軍訓練學校），同時急速增強海軍實力，後來的明治政府開始為大海軍建設布下基礎。在此期間，咸臨丸號完成日本最初的中途不靠港橫渡太平洋。作為慶應義塾的畢業生，對於搭乘咸臨丸遊歷歐美而大放異彩的福澤諭吉，更是深深烙印我心。在如此背景下，筆者特別喜歡吉田茂《決定日本的一百年》的卷頭語：

> 1860年（萬延元年），批准《日美通商條約》之際，日本使節團搭乘美國軍艦訪美，勝海舟等人搭乘250噸的咸臨丸橫渡太平洋。這是史上最初以蒸汽船中途不停靠港橫渡太平洋。日本人在此沒多久才看過蒸汽船，學習航海技術也才不過數年而已。然而，為了提振日本人士

氣，嘗試橫渡太平洋，接受美國海軍的援助與鼓勵，成功橫跨太平洋。

這段軼事象徵日本近代化的序幕。換言之，日本儘管遭受外國壓力而不得不解除鎖國，然而一旦決心開放之後，為了抗衡歐美文明帶來的衝擊，展現了勇於冒險的精神與能力。

特別是在「為了提振日本人士氣」、「展現了勇於冒險的精神與能力」，筆者在這段文字旁用紅筆反覆畫上記號。跟學生在聊天時，我都會談到這段逸事藉此用來鼓勵他們。如果讓筆者說的話，我十分確信驅動日本人之所以身為日本人，正是這股勇於劃破海洋的「冒險意志」。

日本是毫無疑問的「海洋國家」。日俄戰爭之後，由於向亞洲陸地擴張勢力，因此造成「海洋國家」與「陸權國家」的二路線傾軋，尤其是在第一章所提及，1907年（明治40）制定的《帝國國防方針》中，陸軍以俄羅斯作為假想敵、海軍則是以美國為假想敵，形成戰略分歧，最終導致國家破滅。正因為日本除了戰前及戰爭部分期間維持一貫的海洋國家立場，所以才能較之清國與朝鮮達成近代化。

對於近現代外交史非常嫻熟的北岡伸一博士指出，幕末時

期「西方衝擊」的本質是針對近代海軍軍力而來，這正因為日本是「海洋國家」，所以日本很早就對自身國家安全保障的威脅有所意識。

事實上，江戶時代末期的日本，已經有以大阪為中心，由航路沿岸都市高度統合而成的全國性市場。近代化購入西方軍艦的同時，也在建造自己的船艦，從黑船到來開始至明治維新，短短的十五年期間，以前未曾擁有過的西方軍艦，一口氣增加到擁有190艘。相較先前所提250噸的咸臨丸，幕末時期也達到2700噸的規模，如此少有的海洋國家潛在實力，實在令人驚嘆。

目前，我國每年約有8億噸的原料輸入，1億6000萬噸的工業製品輸出，創造五倍的附加價值，對世界的繁榮做出貢獻。貿易輸出入量中，高達99.8%是藉由海上航路進行。國土面積約38萬平方公里（世界第61位），管轄國土面積12倍以上，447萬平方公里（世界第6位）的專屬經濟水域（EEZ），6千8百多座島嶼，海岸線長甚至高於美國。而且，日本周遭海域的日本海溝等多屬深海構造，以體積相比，排在美國、澳洲，紐西蘭之後的第四位。水產業資源甚至高居世界三大漁場之一，深藏於幅員遼闊的專屬經濟海域底下，高度可能蘊含豐富的海

底礦藏、可燃冰（Methane clathrate）、海底溫泉或海洋深層土
（Cobalt-rich crust）等。根據最近由加藤泰浩教授所領導的東京
大學研究團隊調查，南鳥島周圍海域蘊含大量稀土金屬物質。

「受海洋守護的日本，朝向保護海洋」

　　2007國會制訂通過《海洋基本法》，筆者所參加的超黨派
議員團體（武見敬三參議員、中川秀直、前原誠司、大口善德
眾議員等）與有識之士組成的討論會（海洋基本法研究會），
這是出自日本財團會長笹川陽平在結束時的一段談話。再也無
法像他這樣清楚說明海洋基本法理念。

　　換言之，主張從領海到專屬經濟海域，甚至是擴大延伸
到大陸棚，當作是國家主權的國家權利來守護，同時確實負
起沿岸國家對廣大海洋資源、環境、安全的管理責任，完全將
「更廣泛的國家利益」清楚表現。而這正是所謂「海洋憲法」
的《聯合國海洋法公約（*United Nations Convention on the Law of the
Sea, UNCLOS*）》的意義所在。

　　《聯合國海洋法公約》，自1958年（昭和33）第一次聯合
國海洋法會議開始，歷經三次國際會議，1982年通過，終於在

1994年11月生效。《聯合國海洋公約》，在目前為止傳統海洋法的「海洋自由」原則下，反省海域周邊國家的競爭與對立、海洋資源的濫捕，及海洋環境的嚴重汙染，以國際社會相互合作的「海洋管理」模式，建立新海洋秩序為目標。亦即，鑑於海上運輸對貿易往來的重要性，並堅持「航行自由」的一方，賦予沿岸國對專屬經濟海域與大陸棚資源、環境的「權利」與「責任」。

國際空間的海洋秩序，長久以來並不存在任何單一的統治機構，而是以軍事力量為核心的「海權國家」來維持國際秩序。直至二十世紀後半，國際社會終於有多數國家參與理性的討論，確立海洋的法秩序。實可謂由「力的支配」轉向「法的支配」。以海洋法條約作為基礎，日本可以發揮引領並活用當前的經濟力與科學技術能力，和平並積極的開發、利用與保護海洋環境形成的海洋秩序。日本在83年2月簽署《聯合國海洋公約》、96年6月批准，並將條約生效的94年7月20日訂為國家節日「年6月批准，並將條約生效的94年7月20日訂為國家節日「海洋紀念日」。

然而，誠摯地來看待日本戰後六十年裡，日本可以說欠缺身為海洋立國、通商國家、或者身為和平國家，對於海洋秩序

的維護所具有「特別的使命感」。其結果就是，對於海洋秩序的綜合管理政策與實際有效管理體制整備，日本大幅落後世界各國。例如，即使目前尚未批准《聯合國海洋公約》的美國，業已於2004年公布《21世紀海洋藍圖》，制定海洋行動計畫並推動綜合海洋政策。中國也公布《中國海洋21世紀議程》，並基於此制定相關的海洋關聯法案，傾力發展單一國家海洋機關。

　　日本在海洋政策上落後的代表性象徵，即1992年的里約地球高峰會上所通過的《21世紀議程》建議書，日本對此所採取的態度。《21世紀議程》明定，領海、專屬經濟海域等管轄、管理與確保永續開發責任是沿岸國的義務。並要求各國制定相關整合政策及相關行政措施程序。然而，日本當時的多數看法，是將里約地球高峰會地位為「環境開發國際會議」。日本政府方面由當時的環境廳負責規劃參與，因此在環境保護上著墨較多；相對的，在海洋政策上，聯繫各部會間的綜合政策，則付之闕如。結果就是，儘管我國在里約地球高峰會上簽屬了《21世紀議程》意見書，但是漁業水產資源保護由農林水產省、海上交通及港灣管理由國土交通省、海洋環境保護歸環境省、海洋資源科學調查歸文部省、離島振興則是總務省、周邊水域防衛相關由防衛省，海洋相關國際法領域歸外務省，由此

凌亂分散，可知各部會間缺乏統合。

反省前面的缺失，2007年4月制定海洋基本法明確規定，「海洋資源、海洋環境、海上交通、海上安全等海洋相關密切結合的問題，必須視為整體議題來檢討」（第六條）。此後，設置以內閣總理大臣為本部長的海洋綜合政策本部、制定海洋基本計畫，整合推動海洋相關政策的綜合性計畫體制。因此，2013年4月，內閣閣僚決議通過，規定必須每五年重新檢視的海洋基本計畫。

京都大學國際政治學泰斗高坂正堯教授，在其名著《海洋國家日本的構想》一書中提到，海洋國家非一朝一夕即可實現，並援引大英帝國為例，說明必須官方與民間相互合作。高坂教授書中指出，支配七海長達二世紀的海上霸權國家大英帝國，直至十六世紀初『仍不過是歐洲大陸邊緣的蕞爾小國』。當時，英國屬於「農業放牧的國家」，由於國王個人政治判斷與決心，開始打造「未來海洋國家」的歷史，以此介紹給日本作為明訓。舉出以當時英格蘭國王亨利七世（Henry VII）等為例，建造為數頗多的帆船、設置海軍與造船部，對於半海賊半船主的商人，為了鼓勵他們向海外冒險，並不吝給予以援助。

我們日本人必須有日本是地緣政治學上海洋國家的自我認

知，基於此構思國家生存與繁榮的戰略之道，決定國家安全保障的內涵。在此意義下，確保領土、領海、領空的主權，同時長達12000公里的海上航路安全，對於日本生存發展更是至關重要。2008年10月，超越執政在野的壁壘，日本決定派遣海上自衛隊護衛艦前往索馬利亞海域打擊海盜，之所以如此，無非是當時授權的麻生太郎首相有此深刻的自覺。此後，海上自衛隊船艦護衛次數將近500多次，依據「海盜行為處罰及對付海盜行為相關法律（海盜對處法，2009年7月實施）」派遣的護衛船數，截至2013年8月為止，共計3000船次以上。今後，目前為止所採取的「獨自護衛」模式，有必要盡早實現加入已在該海域布署，由NATO或EU各國組成的特遣隊，轉為「區域聯防」模式共同守護。

再者，必須盡早整備具體個別的國內法規。特別是，在野時期由筆者所提出的法案，《專屬經濟海域違法科學研究與資源調查取締法》（暫定）或《非領海無害通過取締法》（暫定），無論是領海或專屬經濟海域，沿岸國家負起管理責任的觀點極其重要，立法規範實屬當務之急。

海洋是目前地球上僅存最大的無國境之地。蘊含無限可能與未來希望，正由於目前尚確立任何形式的法規範存在，這

也意謂隱藏著任何主權國家在此相互傾軋競技的危險存在。因此，作為海洋國家的日本，必須比其他國家更加努力維護蘊藏豐富海洋資源的國際海洋「公共領域」。

就地緣政治學的觀點而言，向對於陸權國家對領土或勢力範圍擴張的執念，海洋國家則是活用海洋通商貿易，藉此達到國加強富。作為海權國家的英美，在《大西洋憲章》中明確表示，不尋求任何領土的或其他方面的擴張的主要理由就是在此。就此意義對日本而言，與亞洲海洋國家的澳洲、印尼間的相互合作，說是地緣政治戰略的宿命也不為過。因此，作為海洋國家日本必須有所自覺，加入太平洋岸的美國，重新構築以海洋為中心的區域秩序，維護亞洲太平洋地區和平安定與繁榮的使命感。

想定國家戰略時我自己所注重的兩項觀點，已如前述。接著，檢視歷代內閣所發表的外交安全保障戰略的同時，我將嘗試提出自己對日本外交安全保障戰略的一些意見。分別是2006年外務大臣麻生太郎所提倡的「自由與繁榮之弧」戰略、2012年安倍晉三首相所提「安全保障鑽石圈」構想，以及接下來2011～2012年底執政的野田佳彥首相未完成的外交安全保障戰略「野田主義」。當然，身為首相輔佐官，對於野田政權的外

交安全保障政策自然知之甚深。

麻生太郎與安倍晉三的地緣政治戰略

2006年，外務大臣麻生太郎提倡以「自由與繁榮之弧」作為外交願景。這可以說是當時的首相安倍晉三所倡導的「價值觀外交」具體化國家戰略。換句話說，已民主主義、自由、人權、依法行政，以及市場經濟等「普遍價值」為主軸，戰略性的支援歐亞大陸周邊新興國家。就地理位置而言，「北歐各國開始、波羅地海三國、中東歐、中亞‧高加索區域、中東、印度大陸，經過東南亞地區連接到東北亞的這塊區域。」（《外交青書》，2007年）

現代地緣政治學始祖哈爾福德‧約翰‧麥金德（Halford John Mackinder）將這塊月牙型地帶稱為「危機之弧」（arc of crisis），2001年的美國四年國防總檢報告（QDR）則稱之為「不穩定弧形地帶」（arc of instability），為了促進各國政治與經濟安定，建構和平、掃除恐怖主義的溫床。這裡也是尼古拉斯‧斯皮克曼（Nicholas John Spykman）所稱可以牽制陸權國家勢力的邊緣地帶（Rimland）。從而，作為地緣戰略構想正面

攻擊的這一點，我完全贊同。然而目前為止，這直截了當的想法，肯定也會讓策劃對蘇圍堵戰略的喬治·凱南（George Frost Kennan）嚇出一身冷汗。如前所述，冷戰時期的蘇聯與現今的中國，對全球經濟所帶來的衝擊完全不同。目前最大的課題是，無法採取有效的圍堵政策下，究竟應該往處去？

另一方面，在第一次安倍政權時，安倍晉三首相為了牽制崛起的中國，拋出「日美澳印」的地緣戰略，無法得到各國理解而遭遇挫敗；2012年底，時隔三年再次在國會大選中獲勝，重新取得執政的隔天（2012年12月27日），隨即以英文發表新的戰略構想。而且是在1995年才設立，全世界150多國，439家新聞媒體加入，在國際間頗具影響力的網路媒體報業聯盟（Project Syndicate）網站上發表安倍首相的企圖心。

標題為〈亞洲民主主義安全之鑽〉（Asia's Democratic Security Diamond）的文章，強烈呼籲民主主義國家間彼此的合作，而日本是亞洲地區最悠久的海洋民主主義國家。點出日中關係重要性的同時，對於南海似乎成為「北京之湖」（中國內海化）未來走向表示高度的關切，並對中國採取切警戒態度。強調日本外交必須基於民主主義、法治主義、尊重人權，等前述的「價值觀外交」作為前提，與美國（夏威夷）、澳洲、印

度等民主主義國家與區域相互合作的重要性。詳細的說明，在後面會提到的民主黨野田政權所推動的與澳洲籍印度間的強化戰略合作路線，適當地講解。

無法開花結果的印度

　　無論是麻生太郎的「自由與繁榮之弧」或安倍晉三的「安全保障之鑽」構想，印度都處於戰略核心位置，特別是安倍首相對強化印度關係煞費苦心。2013年5月29日舉行的日印高峰會前夕，在首相官邸舉辦歡迎宴會高規格款待曼莫漢·辛格（Manmohan Singh）總理夫婦。日印高峰會談中，雙方達成共識協助印度國內基礎建設，另一方面，同意定期舉行野田政權時期開始的海上自衛隊與印度海軍的共同演習等海上安全保障合作。

　　然而，對印度存有過度期待仍是禁諱。印度自1947年建國以來，高舉「非同盟主義」。印度外交部長庫爾希德（Salman Khurshid）對日美印澳等四國形成的「中國包圍網」表示否定的意向，對於以中國為主要假想敵的美國亞洲太平洋「再平衡」政策也保持相當的距離。不結盟、不偏特定國家是印度的

外交基本政策。只要發現稍微帶有「對中包圍網」的色彩,一定會立即收手。以前,美國福特政權與老布希政權時期擔任國家安全顧問的布倫特·斯考克羅夫特(Brent Scowcroft)將軍,見面時就印度問題如此說過,「印度是眾人欣羨,卻無人可使花落結果」。

麻生、安被兩位首相所勾勒的日本外交・安全保障戰略,就地緣政治學的觀點而言,與我所差無幾。問題是,在具體的國際關係中如何施展。戰略「構想」正確,重要的是戰略「實行(戰術)」問題。平心而論,安倍首相的基本戰略與「野田主義」幾乎是在同一條線上。然而,關於應該採取的何種實行戰略(戰術),身為野田總理輔佐官,同樣苦惱於如何開展政策。接著,將以「野田主義」的實行軌跡詳細解說闡明。

野田佳彥屬意的「太平洋憲章」

2009年9月,具歷史性意義的政權輪替而發端的民主黨政權,因鳩山由紀夫首相在外交上、菅直人首相在東日本大震災以及核電廠事故處理上嚴重受挫,民意支持度低迷下,野田首相接任政權。野田的外交・安全保障政策由於在政權開始前筆

者已接觸頗深，因此相較於前兩任政權我比較有自信可以掌握與了解。事實上，政權開始約一年期間，受惠於在首相官邸擔任外交及安全首相輔佐官的機會，並有幸在最後三個月以副防衛大臣在研究者時期長期師事的森本敏大臣底下，讓我有機會在國防事務的最前線效勞。

　　野田政權開始之際，我們一群人設定了基本大方向，這應該就是前述所說的「野田主義」，主要分為三部分。其一為以泛太平洋戰略經濟夥伴關係協議（TPP）核心的經濟合作、貿易與投資規範；其二為安全保障，特別是海洋規範；最後則是創造以能源為主的戰略資源供給穩定性之規範。樹立由日本扮演議題主導的角色，建構亞太地區和平與穩定，永續繁榮的新秩序的大目標。為此，這可說是與鳩山內閣時期以中國為主、忽略美國所構思的「東亞共同體」，澈底訣別。東亞並非封閉的區域，將外交方針大幅轉向在開闊的亞太區域構築以日本與美國為中心的新秩序前進。

　　圍繞在「**創設規範**」是有緣由的，對於在2000年後明顯大幅崛起的中國，在「權力」上以「規範」框限為主要目的。由於經濟規模與政治體制的差異，想要與崛起的中國相對抗，現實上是不可能的。與其如此，不如以NIC報告書所提出我國居

於明顯優勢的新國力指標「健康」、「教育」、「政府管理」等為主，設定以軟實力為核心的新興國家競爭規則，在這開放的新秩序裡安穩地將中國納入。

這些內涵，野田首相摸索著甚麼樣的時點在外交場合上演繹。野田首相抱持著強烈的意欲，希望創設像羅斯福與邱吉爾會商後共同宣稱的太平洋版「大西洋憲章」。大西洋憲章在內容上是包括英美兩國互不尋求領土的擴張、擴大自由貿易與航行自由的保障等八大項目，雙方達成共識並以此形成戰後秩序基礎的外交文書。野田首相的意圖就是在，發展「太平洋憲章」作為亞太區域新秩序的基礎。然而，尚未等到發表機會的到來，野田內閣就此畫下句點。不過關於「太平洋憲章」這樣的名稱，在外務省（外交部）內部也有希望謹慎為之的不同意見，因為彷彿讓人憶起戰前以重光葵外長為中心所起草的「大東亞共同宣言」。即便是如此，至今我仍對太平洋憲章未能發表即告結束，甚感令人扼腕不已。

雖然如此，野田內閣的具體作為仍有部分開花結果。首先，執政初始2011年11月在夏威夷舉行的亞洲太平洋經濟合作會議（APEC），克服國內（民主黨內）激烈反對聲音，在會中表示日本將參與TPP。我們認為這是「一石三鳥」之計。首

先，參與TPP談判的意義是在於帶動我國戰略發展。再者是，
盡早參加TPP談判交涉，可以由日本主導制定區域經濟規範；
最後則是大膽的政治判斷，企圖一舉重新修正日美同盟地位。
果不其然，日本一表明參與TPP談判交涉，當時仍徘徊猶豫的
加拿大與墨西哥相繼表示願意加入談判。由於日本的主動態動
各國都動了起來。野田與歐巴馬的高峰會談上，日本披露了部
分「野田主義」，確實成功掌握不單只在經濟領域居於主導地
位，在安全保障上的構思、能源議題等包括性區域秩序的合作
發展與修改同盟關係的契機。

　　野田首相對於夏威夷收穫頗具信心，隔周出發即前往印
尼峇里島參加東亞高峰會（EAS）。期望高峰會主辦國印尼總
統尤多約諾（Susilo Bambang Yudhoyono）相互合作，就中國與
東協各國（Association of Southeast Asian Nations）間的糾紛，呼
籲各加盟國「維持亞太地區海洋秩序是最要緊的課題。制定
以南海為主的海上規則」。之後，雖然中國的抵制耗費些許
時間，最終仍在東協諸國的持續努力下制定《南海行為準則
（COC）》。當初中國堅持南海糾紛必須由當事國兩國自行解
決，極力抵抗以國際法來解決問題，據傳中國的態度似乎有軟
化的跡象。

　　有關海洋戰略，首相官邸、外務省、防衛省整合為一體化，為確保海上航線安全、提升沿岸開發中國家海上保安能力，戰略上活用政府開發援助（ODA）等具體做法，已經反映在2012年4月「日美安全保障協議委員會（所謂的2+2會議）」所共同發表的文書裡。同文書第2部分「促進區域和平、安定與繁榮所需新姿態」中，對菲律賓、印度、馬來西亞等為主的沿岸國善用ODA提供巡邏艇，確認自衛隊可以在關島與北馬利亞納群島自由邦（Commonwealth of the Northern Mariana Islands）與美軍共同使用基地，並基於此整建訓練設施。

　　政權末期，屢屢發生領土問題危機，趁此機會2012年8月24日招開緊急記者會，野田首相親自在電視前，以大局為要向國內與國際社會發出訴求。記者會上，野田首相宣示，「日本是世界上數一數二的海洋國家」，「我國受廣大海洋圍繞，包含竹島與釣魚台列嶼等在內，為數超出6800座的離島。為確保我國固有領土的離島主權，除守護日本寬廣的海上國境之外，別無他法⋯⋯」針對上面所述，約略整理以下三點說明。

（1）離島安全維護與管理。政府方面劃設專屬經濟海域內，重要的49個離島均予以明確的命名。釣魚台列嶼的四座小島命名也就是在此時。

（2）強化周邊海域的警戒體制。呼籲朝野國會議員，為維護日本海域的海上保安官遂行任務所需，通過裝備強化與人員訓練相關法制面上課題。

（3）致力對外宣達日本的正當性。訴求日本申請大陸棚延伸已獲聯合國相關機構認可，特別是釣魚台列嶼、竹島及北方領土屬於日本的正當性。

我所構思的日本外交安全保障戰略

如先前提及NIC報告書所述，今後15～20年的國際關係主要趨勢，據此提出相對應的戰略。換言之，關於日本應該如何因應現實問題的解決之道，就是我所構思的日本外交安全保障戰略目標。

（1）處於「權力擴散」的國際趨勢下，為了營造更加安定的國際秩序，必須分擔部分責任。特別是作為海洋國家的日本，必須主導做為亞太地區的和平與繁榮基礎的海洋公共空間秩序。

（2）協助中國營造解決國內諸多糾紛的環境的同時，持續努力強化逐漸趕上中國的印度關係。

（3）持續與世界綜合國力領先的美國合作，並且建構亞太地區（及全體國際社會）同盟國間的協調機制。尤其是，澳洲、韓國、俄羅斯、印尼、越南，與蒙古等國家。

（4）妥善管理與中國在地緣政治上的關係的同時（接觸），對於風險分散所需的自發性防衛能力也不可懈怠（均衡）。特別是，整建日本版的A2/AD（區域阻絕／反介入）能力，抑制中國逐漸強化的作戰。基於區域和平與穩定需要，活化堪稱公共財的美國與同盟國間的網絡，營造補強美軍在此區域的存在感。

　　為達成此四項戰略目標，相關實行戰略（戰術）詳細說明如下。關於第一點，已如前述「自我認識」部分說明。作為海洋國家的日本，除了自國生存與繁榮，重新構築以海洋為中心的國際秩序之外，也必須盡全力為亞太地區帶來永續和平與安定付出努力。最大的問題，仍然是如何管理與中國的關係？為了管理今後15～20仍將持續權力擴張的中國關係，重點將是集中關注於如何在「交往」「均衡」間尋找平衡點。

　　對於第三點與第四點將約略說明，而先就對中戰略的基本想法說明。亦即，我的外交安全保障戰略的核心概念，「遠交

近攻」。

　　接下來的內容，都已經揭載於2005年5月24日我個人的部落格中。雖然都是多年以前的東西，不過至今為止我的想法基本上仍然無所改變。恰好前一天中國副首相吳儀無預警中止與小泉純一郎首相的會談，倉促匆忙返國。正好是小泉首相在前一個月至靖國神社參拜，引發中國各地大規模反日遊行，日中關係混沌不明的時期。

　　面對日中關係現況，對於此事件（中國副首相吳儀倉促中止會談）個人看法是一則以喜一則以憂。換句話說，自72年日中國交正常化以來，「日中友好萬歲」的順暢關係已不復存在。個人認為日中競爭關係，不單只是古典地緣政治學上的競爭關係，除非兩國經濟陷入困境，否則未來數十年，日中之間仍會維持著競爭關係。因此，沒有必要勉強維持友好關係，即使多少存在些問題也不應有所動搖。

　　在對等且公平下重新架構可長可遠的日中關係。為此，顯然就需要有戰略性外交考量。談到戰略就有必要提到中國古典書籍《戰國策》。其中《奏策》裡提及的「遠交近攻」就是「結合遠方勢力以攻打臨近國家或敵人」的外交戰略，秦國就是以此基本戰略完成天下一統。

春秋戰國時期的「遠交近攻」到二十一世紀的「遠交近衡」

　　首先必須澄清以免遭致誤解的是，這裡所謂的「近攻」，並非意指與中國開戰。而是「平衡（balancing）」換言之，即「均衡（均勢）」政策之意。目的是對中國行動告以「不要白費力氣」的「抑制」及「勸阻」效果。因此，除改用「近衡」來表示別無其他更正確的用法。亦即，根據權力平衡（Balance of power）理論，希冀與中國的權力間取得均勢，讓日中關係趨向穩定的最佳良策。

　　目前為止的對中外交關係不能說用盡心力全力以赴。國力增長的背景下，中國不時毫不掩飾地以強迫性姿態濫用其權勢，如果能以和平的方式解決問題，就不會再度發生1980～1990年代，重蹈承認中國擅自在東海日中中間線附近開發油田的覆轍，反倒升高日本國內對中挫折感，如此一來維持良好關係的可能性是不復存在的。

　　因此，「遠交近衡」策略是指，為了與近鄰中國維持和緩的關係，有必要確保與遠方如澳洲、印度、俄羅斯，或東協各

國間的關係。韓國與台灣雖屬地理上鄰近國家，與其維持關係在遠交近衡的戰略上是不可或缺的要素，同時與美國的同盟關係是「遠交」的重點。

　　特別是關於韓國，留美期間結識不少友人，其中不乏李明博政權時期的統一部部長、青瓦台安全保障輔佐官、駐澳大使、外交通商部亞洲大洋洲局長，以及執政新國家黨國會幹事長等。遺憾的是，因為戰前歷史因素與竹島歸屬問題，如鯁在喉無法繼續深化日韓關係。

　　曾經趁著日韓兩國相關人士在場的機會呼籲，「恢復1998年10月金大中總統訪日，與小淵惠三首相聯手向世界傳達《日韓共同宣言——邁向21世紀的新日韓夥伴關係》當時的精神」。共同宣言內容包含，日韓兩國領袖再次確認兩國國交正常化後的友好關係，並對建構新的日韓夥伴關係達成共識。金大中總統接受代表日本國民的小淵首相正式道歉，對於戰後日本民主主義發展與和平外交給予高度評價。

　　近來，朴槿惠大總統訪問中國並且呼籲中韓共同建設暗殺伊藤博文的安重根紀念碑，這件事已經超出常軌。歷經四十年的殖民地統治下，民族情感的苦痛無以計量。換個立場，王室遭廢除、強制接受語言與文化的殖民支配，或許應該可以理解

韓國的國民情感。領土主權等相關問題雖無讓步餘地,但日本大可放心,由於兩國國力存在明顯差異,應該繼續努力深化兩國戰略上關係。

所謂的戰略是指,如何因應中國勢力崛起是地緣政治戰略上共通的課題,相互聯手之意。最近訪問日韓的美國參議院議員馬侃(John McCain)與我餐宴過後,隔日即在首爾的一場演講中明白指出,日韓兩國同樣面對北朝鮮的核武開發威脅與中國擴張海上勢力的危機,有關所謂的慰安婦問題,以「遭受無法用言語表示近似殘虐行為苦痛的婦女們」形容,表示理解韓國國民的情感。同時也表示,「正因為有過去悲劇性的事實存在,而不致力改善關係並非外交的正確作法」。呼籲韓國與日本雙方改善關係。有基於戰略上觀點的善意提醒的美國做後盾,應當可以大有所為才是。

台灣是另一個對我國而言,幾乎與韓國具有相似地緣戰略價值的地方。同樣有受過日本統治經驗,而且台灣民意普遍對日本較為友善。東日本大震災時,一般國民自發性的捐款金額超過20億日圓,令人相當感動。在地緣戰略上,朝鮮半島對日本而言,「猶如一把抵喉短刀」(山縣有朋),相對於此,台灣位處遏制日本經濟命脈的海上航路與中國進出太平洋的航

路，不僅對是我國安全保障連帶亞太地區全體的和平與穩定，均與之相關。尤其是，位處第一島鏈中央位置的台灣，海岸線全長1400公里（足可與日本本州全長相比）甚至是我國西南諸島區域的安全。1972年日中國交正常化以後，政治上雖未有正式的外交關係，然而就我國地緣戰略上所需，有必要充分認識台灣的價值。

尖閣問題上，台灣的中華民國政府在1971年突然主張領有主權，以此為契機，北京政府隨即發表，「台灣是中國的一部分，因此釣魚台列嶼屬於中國領土」。在此意義下，此時日台雙方就尖閣周邊海域及西海海域的漁業協定達成共識，往前邁進是非常重要的一步。對於最大限度利用今日海峽兩岸關係急速進展的絕佳時機，締結懸宕多年的日台FTA、制定日本版的「台灣關係法」，將我國的生存與繁榮與台灣的安全保障相互連結，同時與美國共同創造日本所應分擔的國際責任環境。

另一方面，在亞太地區日本與澳洲，擁有極其自然形成的戰略夥伴關係。最近趁著訪問坎培拉與雪梨之際，與為數不少的政治家、政府官員與研究者進行反復深談討論，讓我就日澳關係的歷史及其意義進行深度檢視。尤其是，自第一次世界大戰之前，兩國海軍開始友好關係，克服太平洋戰爭時期短暫

的軍事衝突,彼此間重修關係,目前僅剩「捕鯨」問題仍存有異見。身為海洋國家的日本與澳洲,彼此可以協調與合作的領域,包括確保印度洋、麻六甲海峽、或其替代航路蘇丹、龍目海峽等海上航路的安全,南海紛爭的解決之道,與蘊含海底資源的南太平諸國間的合作,確保能源安全等。就共同盟國美國的角度來看,澳洲接受美國海軍陸戰隊進駐北部達爾文基地,以及共用位在中部愛麗絲泉附近的衛星設施,澳洲位處從印度洋到亞洲新興大國印尼之間,再到南太平洋島嶼地區為止的地緣戰略位置上,如果將日本比喻為「北錨」,那麼澳洲就是「南錨」,共同分擔美國對該地區的承諾義務。

「距離的暴政(Tyranny of Distance)」專指物理上無法克服的距離障礙,澳洲與中國兩地隔海相差約4200公里之遙(中國海南島與澳洲北部達爾文)。澳洲不像正面直接受中國大軍壓境的日本、台灣、菲律賓或越南,可以用不同的角度(稍微冷靜的觀察點)面對中國崛起帶來的好處與向海洋擴張勢力的風險。在此意義下,日澳間的戰略協議或強化衛星資料的共享,將是今後越加重要面對的課題。特別是,澳洲目前打算推動的反潛作戰能力(Anti-Submarine Warfare, ASW)以及提升災害應變時也能發揮效果的水陸兩用作戰能力等,與我國可以共同開發

研究的領域，無疑地對於加深日澳安全保障合作有所助益。

　　參考目前為止，防衛省防衛研究所出刊的《東亞戰略概觀2013》，書中揭載的相關資料顯示，「印度－太平洋地區」的和平與穩定，日澳的攜手合作極具戰略上意義。換言之，對澳洲本身國家安全而言，「印度－太平洋地區」是首要利益所在；其次，才是印尼、東帝汶、巴布亞紐幾內亞、南太平洋島國、紐西蘭等相鄰國家的安穩；再其次為東南亞的安全保障；亞太區域安全；最後才是全球安全保障議題。

　　如此的地緣戰略順序，換成日本的話，首先是本國防衛；確保朝鮮半島與第一島鏈（北方領土至台灣周邊）的安全；東南亞的安全保障；印度洋至南太平洋島國的穩定；最後則是全球性安全議題。

　　印度是絕對不能遺落的部分。無論是經濟規模或人口（市場規模）均在中國身後急起直追，遏制著中東波斯灣至東北亞之間的海上航線，印度的存在對日本而言有著不可或缺的戰略價值。特別是對我國而言，在強化外交關係底下兩國之間完全沒有所謂的「歷史因素」困擾與糾葛，實屬少見。2011年底在新德里舉行的日印高峰會上，辛格首相表示，「妨害印度與日本之間關係強化的隔閡唯有天空」，當時手指向上天空的姿勢

令人印象深刻。換言之，兩國關係的可能性像天空一樣無限大。距離六世紀佛教傳入以來，歷史上的關聯尚有率領接受日本帝國陸軍支援的印度國民軍，有著「印度獨立之父」的鮑斯（Subhash Chandra Bose）將軍，以及在遠東國際軍事法庭上，發出「戰勝國不應以事後法審判戰敗國」國際正義之聲的拉達賓諾德‧巴爾（Radha Binod Pal）法官等人，象徵著日本與印度間深刻的羈絆。

當然，正如國家安全顧問斯考克羅夫特將軍所言，要將印度拉入這邊陣營不是容易的一件工作。只是人口規模幾年內將超越中國的印度，特別是半數以上是25歲以下年輕人，其隱藏性國力對我國經濟充滿許多誘因，共同面對中國的潛在利害關係，所以應該持續不斷強化對印關係。

在海洋安全保障合作問題上，印度也相當關注方面對這部分領域，尤其是，確保麻六甲海峽到波斯灣間廣大印度洋海域航線的安全等，以目前為止多國海軍的聯合軍事演習「馬拉巴爾」所累積的基礎，大可期待日印兩國海軍的攜手合作。

此外，可以成為「遠交近衡」對象的國家為數不少，但是在地緣戰略上，必須將「印度太平洋區域（Indo-Pacific）」納入考量。這是因為印度洋至南太平洋島域，這片廣大海域將第

一島鏈與第二島鏈橫向串聯起來。最西邊的印度、中間的印尼
與澳洲，連接到南海最西側的越南，這條漫長的海岸線是非常
重要的。因此要強化澳洲與印尼、印度以及越南的戰略合作
關係。

　　這就像是玩拼圖遊戲的步驟，以國際關係將中國包圍的
感覺。如此一來，最後剩下的一塊的空缺應該正巧是中國。如
果將順序顛倒過來，今天的各項局勢將如虛幻故事般，中國活
動範圍逐漸擴大，以日本為首的周邊各國，如果無法改善與日
本的關係，與其他國家關係也無法改善，那麼只有聽任中國宰
制。必須以我們為主題來塑造國際環境的輪廓。

　　換言之，中國毫無節制擴張崛起所致，地緣政治學上風
險越來越大，我們面對風險源中國的作為，不能僅僅單純被動
的接受並這樣結束。對現存秩序的挑戰所引發的問題經常又會
回到問題主體本身，是不可能維持穩定的秩序。倒過來想，何
不先型塑我們這邊所樂見的規範、秩序與國際關係，再融入該
秩序或國際關係，以爭取相互間最大利益？如此一來將迫使中
國做出選擇，毋寧由我方掌握主導權，中國處於被動接受的地
位，這正是「遠交近衡」的戰略核心意義。

　　以如此外交戰略步調，接下來思考應該如何在接觸與均勢

中取得衡平，組織區域「對中交往」的機制，作為安全保障上
風險迴避（Risk Hedge）的前提。

日本的先制作為

我們所期望的接觸交往或溝通機制為何？「野田主義」
中清楚明白指出，以日美為核心的海洋亞洲秩序，絕非以中國
為主的大陸行亞洲秩序。經濟上目前已經有亞洲太平洋經濟合
作會議（APEC），安全保障方面則有東協區域論壇（ASEAN
Regional Forum, ARF）。我認為應該在這些重複交疊的多層次對
話機構，成立像冷戰時期，東西對峙最前線的歐洲在1975年創
設歐洲安全與合作組織（Organization for Security and Co-operation
in Europe, OSCE）的協調架構。尤其是像美俄、印度太平洋區
域主要國家齊聚一堂的東亞高峰會（East Asia Summit, EAS），
彼此在經濟、安全保障、能源議題上，所建構的機制應當可以
成為更加強而有力的基礎。

歐洲安全與合作組織，最初是為了緩和北大西洋公約組織
（NATO）與華沙公約組織（WTO）間，劍拔弩張的軍事緊張
情勢而創設，而後預防紛爭的這類較剛性的安全保障課題、促

進經濟開發、確保國家資源永續使用，以及保障人權與尊重自由等，發展到多樣化的議題設定。以各種不同的議題加深相互接觸了解，藉由培養信賴感可作為緩解區域內緊張局勢的安全閥。今後，在有效管理持續不透明的美中關係上、南海或東海紛爭的預防上，甚至是地震或海嘯等自然災害的應變處理上，我認為在東亞高峰會設置秘書處或大使級的常設理事會等，作為該區域內強化信賴感的協調合作架構，將在亞太經濟合作會議或東協區域論壇上多樣化的對話管道集中起來處理，或許是目前現實上最佳處理辦法。

印尼外交部長馬提（Marty Natalegawa）最近也提相同的看法。2013年5月在美國智庫CSIS印尼會議上擔任基調演講時，提到區域內有三大問題：欠缺信賴、領土糾紛未有效解決、區域變化的適當對策。為解決這三大問題，呼籲區域內各國應當簽訂《泛印度太平洋友好條約》（*Indo-Pacific Treaty Of Friendship and Cooperation*）。對此，澳洲與新加坡等東協各國紛紛表示贊同，8月訪問澳洲時，我親自聽到澳洲政府相關官員，對於成立亞洲版的歐洲安全與合作組織（OSCE）達成高度共識。

身為外交現實主義者，提倡自由主義的合作架構或許有部分違和感，但是對於亞洲版的歐洲安全與合作組織（OSCE），

第三章提到的中國國內各種動作，我認為可以提供多元化不同
的溝通管道。因為最近有越來越多的對外強硬派，基本上他們
是力量的信仰者，讓他們認識安全保障的核心領域，「均衡政
策」就是最妥適的遏止力。我們應該集中的對象應該是，黨與
政府、研究機構裡現實的國際合作派或民主改革派、經濟持續
繁榮的最大獲利者業界、以及對社會保障制度不健全真摯感到
擔憂的「80後」（改革開放1980年後出生世代）的中國年輕世
代。我把這多樣性的溝通管道稱為「多重交往政策」（hybrid
engagement）。

　　這麼多樣細部的交往接觸政策目標，與胡錦濤主席所指出
「和諧世界」建構的方針與軌道是一致的。這蘊含從外部支援
讓中國在穩定的國際環境中，讓推動開放改革的胡耀邦（總書
記，1982～1987）、趙紫陽（總書記，1987～1989），以及胡
錦濤溫家寶體制能專注在內政改革上。

　　設置此區域國際合作性架構的基礎，有必要再次確認美國
在安全保障上承諾的重要性。日本即其中的核心要角。不僅止
於經濟力、軍事力，NIC報告書所提的新國力指標「健康」、
「教育」、「政府管理」等，日本都處於比較優勢的地位，有
資格維持此區域的穩定與帶領繁榮。而且以美軍前線兵力為主

198

　　的遏止體制大笨桑是由日本在後方支援。毫無疑問的，美軍在東亞與西太平洋所部署的兵力，不只是日本的和平與安全，對朝鮮半島、台灣海峽、南海的穩定而言，屬於不可或缺的「國際公共財」。

　　如第三章所述，由於美國國內情勢的變化，以往美國對盟國的承諾已經受到動搖。然而，危機就是轉機。美國所給承諾逐漸消退的今後，日本應該率先動起來，不能總是倚靠美國。國際社會的基本原則是，無論身處哪個時代都必須「自助努力」。思考日美合作時，最應該做的是，日本必須盡所有可能獨力自主完成的前提。

　　在日本自身的努力方面，我們一群人在2010年底時，對制定新「防衛計畫大綱」勾勒出明確方向。亦即，以西南邊方向為中心，整建「動態防衛能力」。脫離冷戰以來整備防衛力的基本構想──基本國防能力的建設，改為儘量讓更靈活、更富機能性、應變能力高的防禦態勢成為可能。特別值得一提的是，在有限預算情況下，提出充實海空戰力和將部分陸上自衛隊轉為海軍陸戰隊的方針。

　　尤其是，提昇平時的警戒監視能力，擴充緊急狀況時能迅速展開所需兵力的海空運輸能力，整建島嶼防禦的自律性能

力。這些方針，安倍政權也確實地繼續執行，甚至是加速進行中，對此應予以高度肯定。

深化美日同盟關係方面，在2010年5月和美國確認普天間機場搬遷地點改為邊野古外海的協議中，我們導入自民黨政權時的協議中所沒有的概念。亦即，將美國海軍陸戰隊的訓練分散到日本本土各地，以提昇阻嚇能力的「動態威懾」概念。與美國為因應中國持續擴充的「區域阻絕與反介入」能力，修改兵力部署調整方針，「地理上分散」、「作戰存活性」、「政治功能持續運作可能性」的三大方向一致。

舉例而言，增加日本和美國都可使用的基地數目，日本自衛隊的預警機在某些情況下甚至可以常駐關島，或是在天寧島與美軍進行共同訓練，甚至考慮日本共同使用美國印度洋的迪戈加西亞基地的可能性。特別是鑑於前述中國的戰略意圖，在第一島鏈與第二島鏈間的廣大海域──該海域也是美國太平洋物流航路集中的重要海域，充實美日共同的警戒監視能力，表現出不讓中國獨自掌控該海域的堅定立場，我認為是十分有必要的。

此外，連接日本本土和台灣之間的西南諸島是遏制中國海軍進出太平洋的門戶，平時也可掌握中國人民解放軍海軍的

北海艦隊和東海艦隊的動向，在緊急情況也能以此做為對中國「區域阻絕與反介入」能力的屏障，對以重新建構作戰投射能力為目標的美軍而言，也有深化新型海空一體作戰戰略與合作的必要。為了加強與美軍的前線展開的兵力的合作，日本未來的「中期防衛整備計畫」中，也決定增強潛艇和取得新的下一代戰機。

　　無論如何，日本和台灣都必須和美國更緊密地合作，積極貢獻東亞·西太平洋的和平與穩定。我們如果忽視這種努力，美國甚至有可能大幅減少對這個地區的承諾。一般普遍認為，中國的崛起正是地緣政治學上改變構造的「規則顛覆者」（game changer），但就筆者看來，美國在這個地區的安全保障承諾消退，才是真正致命的「規則顛覆者」。正因為如此，才將中國與美國一分為二陰陽表裡，這也正是地緣戰略的正確思考方式。

在地區域支援（HRS），避免美軍降低承諾

　　為了避免美國降低承諾這種最壞的情況，對於美軍部署在前線所需的龐大負擔，該區域的盟國·友好國家就必須共同分

擔。同時，與美軍部署於前線兵力間，在戰略・政策・作戰等各領域，必須建立更精細的密切合作架構。如此才能構築持續有效支援美軍前線兵力部署的多邊體系。筆者將其稱為「在地區域支援（Host "Region" Support）」。

目前日本已經承接將近一半部署在亞太地區的美軍前線兵力。這項過重的負擔，除了是為了日本自身的安全保障著想，另一方面也是為了支援做為此區域內國際公共財的美國軍事存在。因此，日本應該主導西太平洋美國盟國與友好國家之間的「在地區域支援（HRS）」機制的政策調整。透過將整個地區各國原本各自為政的（HNS, Host "Nation" Support）的重新分配，應能使HRS對穩定東亞・西太平洋安全保障的基礎做出極大貢獻。

當然，如果日本以其領導能力進行這樣的嘗試，必然會引起中國的戒心。然而，這種HRS的想法並不排除特定國家的參與。任何國家只要（1）承認美國的軍事存在對區域安全保障有其價值；（2）如該國願意接受這方面負擔的一部分，則隨時可以參加這項HRS計畫。

最後，筆者認為，如果我們怠於確保美國對區域安保的承諾付出努力，則正是自己證明孫子所教，「上兵伐謀、其次伐

交、其次伐兵、其下攻城」的正確性。

　　換言之，中國近年來強調以「三戰」（輿論戰、心理戰、法律戰）分化各國（即伐謀）之外，再透過劉華清的海洋強國戰略裂解美軍的作戰投射能力（即伐兵），最後當美軍在緊急狀況延遲或放棄來援時，盟國的日本和澳洲難免會對美國產生懷疑和不信任，如此必將導致同盟關係的瓦解（即伐交）。

　　要避免這種情況的唯一方法，就是美國以本身意志和能力，確保對該地區的承諾。同時，日本在國防和外交兩面的自助努力，是絕對不能忘卻的關鍵。

台灣安保叢書8　PF0208

活美
——外交‧安全保障的現實主義

作　　者／長島昭久
譯　　者／李明峻
責任編輯／杜國維、陳彥儒
圖文排版／莊皓云
封面設計／劉肇昇

出版策劃／獨立作家
發 行 人／宋政坤
法律顧問／毛國樑　律師
製作發行／秀威資訊科技股份有限公司
　　　　　地址：114 台北市內湖區瑞光路76巷65號1樓
　　　　　電話：+886-2-2796-3638　傳真：+886-2-2796-1377
　　　　　服務信箱：service@showwe.com.tw
展售門市／國家書店【松江門市】
　　　　　地址：104 台北市中山區松江路209號1樓
　　　　　電話：+886-2-2518-0207　傳真：+886-2-2518-0778
網路訂購／秀威網路書店：https://store.showwe.tw
　　　　　國家網路書店：https://www.govbooks.com.tw

出版日期／2020年9月　BOD一版　定價／260元

|獨立|作家|
Independent Author

寫自己的故事，唱自己的歌

活美：外交.安全保障的現實主義 / 長島昭久著；李明峻
譯. -- 一版. -- 臺北市：獨立作家, 2020.09
　　面；　　公分. -- (台灣安保叢書；8)
　BOD版
　ISBN 978-986-97800-9-4(平裝)

　1. 外交政策　2. 中日關係　3. 中美關係　4. 國際關係

578.31　　　　　　　　　　　　　　　　109010565

國家圖書館出版品預行編目

讀者回函卡

感謝您購買本書，為提升服務品質，請填妥以下資料，將讀者回函卡直接寄回或傳真本公司，收到您的寶貴意見後，我們會收藏記錄及檢討，謝謝！
如您需要了解本公司最新出版書目、購書優惠或企劃活動，歡迎您上網查詢或下載相關資料：http:// www.showwe.com.tw

您購買的書名：_____

出生日期：_____年_____月_____日

學歷：□高中 (含) 以下　　□大專　　□研究所 (含) 以上

職業：□製造業　□金融業　□資訊業　□軍警　□傳播業　□自由業
　　　□服務業　□公務員　□教職　　□學生　□家管　　□其它_____

購書地點：□網路書店　□實體書店　□書展　□郵購　□贈閱　□其他

您從何得知本書的消息？

　□網路書店　□實體書店　□網路搜尋　□電子報　□書訊　□雜誌

　□傳播媒體　□親友推薦　□網站推薦　□部落格　□其他_____

您對本書的評價：(請填代號　1.非常滿意　2.滿意　3.尚可　4.再改進)

　封面設計____　版面編排____　內容____　文／譯筆____　價格____

讀完書後您覺得：

　□很有收穫　□有收穫　□收穫不多　□沒收穫

對我們的建議：_____

_____

_____

_____

11466
台北市內湖區瑞光路 76 巷 65 號 1 樓

獨立作家讀者服務部　　　收

··

（請沿線對折寄回，謝謝！）

姓　　名：＿＿＿＿＿＿＿＿　年齡：＿＿＿＿　性別：□女　□男

郵遞區號：□□□□□

地　　址：＿＿＿＿＿＿＿＿＿＿＿＿＿＿＿＿＿＿＿＿＿＿＿

聯絡電話：(日) ＿＿＿＿＿＿＿＿＿＿　(夜) ＿＿＿＿＿＿＿＿＿＿

E-mail：＿＿＿＿＿＿＿＿＿＿＿＿＿＿＿＿＿＿＿＿＿＿